韩郁香 / 主编

恰到好处的爱

苏州工业园区东沙湖小学积极家庭教育周周谈

QIADAO-HAOCHU DE AI
SUZHOU GONGYEYUANQU DONGSHAHU XIAOXUE
JIJI JIATING JIAOYU ZHOU ZHOU TAN

苏州大学出版社
Soochow University Press

图书在版编目(CIP)数据

恰到好处的爱：苏州工业园区东沙湖小学积极家庭教育周周谈 / 韩郁香主编. —苏州：苏州大学出版社，2023.6

ISBN 978-7-5672-4391-0

Ⅰ.①恰… Ⅱ.①韩… Ⅲ.①小学生－家庭教育 Ⅳ.①G782

中国国家版本馆 CIP 数据核字(2023)第 084241 号

书　　名：恰到好处的爱
　　　　　——苏州工业园区东沙湖小学积极家庭教育周周谈
主　　编：韩郁香
责任编辑：冯　云
装帧设计：吴　钰　马小芹
录音编辑：邹　洁

出版发行：苏州大学出版社(Soochow University Press)
社　　址：苏州市十梓街 1 号　　邮编：215006
网　　址：www.sudapress.com
邮　　箱：sdcbs@suda.edu.cn
印　　装：苏州市深广印刷有限公司
邮购热线：0512-67480030　销售热线：0512-67481020
网店地址：https://szdxcbs.tmall.com/(天猫旗舰店)

开　　本：889 mm×1 194 mm　1/32　印张：8.5　字数：191 千
版　　次：2023 年 6 月第 1 版
印　　次：2023 年 6 月第 1 次印刷
书　　号：ISBN 978-7-5672-4391-0
定　　价：35.00 元

凡购本社图书发现印装错误，请与本社联系调换。服务热线：0512-67481020

编写组名单

主　　编：韩郁香
副 主 编：陈　敏　薛建龙　易　静　倪　敏
编写人员：（以姓氏笔画为序）
　　　　　于丹丹　刘涵婧　严　乐　李　华　吴　燕
　　　　　张甜甜　陆　昀　陈　萍　陈佳佳　陈雪琦
　　　　　孟　柳　袁　园　徐法忠　徐嘉娴　康　林
　　　　　彭　思　敬文君　傅　莉
插图设计：卫丽娟　马小芹　马浩轩　王梦冰　王源昊
　　　　　朱子珺　朱慧铮　刘明泽　刘晨希　孙天琪
　　　　　杨欣宇　吴　莹　季安行　侍园园　胡紫琪
　　　　　侯雪璐　徐南洋　黄郡瑶　曹秦雅

学做懂教育、会育儿的父母

阳春三月,草长莺飞,万物复苏。

在这个孕育希望的时节里,韩郁香老师主编的家庭教育读物《恰到好处的爱——苏州工业园区东沙湖小学积极家庭教育周周谈》即将付梓,我感到欣慰,为她高兴,为她祝贺!我也十分感谢韩郁香老师的信任。她邀请我写点意见,我荣幸地通读了全书52篇文章,受益匪浅,启迪良多。52篇文章实际上是52种常见的教育情境,也是学生家长常常困扰于心的育儿难题。面对这些难题,韩郁香老师结合自己的教育实际阐述了自己的教育主张,并给出了恰当的教育建议。

通览全书,字里行间无不渗透着小学教育协同育人的教育自觉,以及家庭教育指导的使命意识与责任担当。今天,小学阶段的家长有太多的困惑需要解答,有太多的迷津需要指点,有太多的难关需要跨越。为此,以韩郁香老师为首的一线小学教师,为家长提供了科学思考与理性探究的思路。

党的二十大报告再次强调,必须健全学校家庭社会协同育人机制。《中华人民共和国家庭教育促进法》也指出:"未成年人的父母或者其他监护人应当树立正确的家庭教育理念,

恰到好处的爱——苏州工业园区东沙湖小学积极家庭教育周周谈

自觉学习家庭教育知识……掌握科学的家庭教育方法,提高家庭教育的能力。"在全国上下不断深化家庭教育实践,弘扬中华传统美德,积极开展家庭家教家风建设,进一步加强未成年人思想道德建设的时代背景下,本书将教育实践中的思考描摹于笔端,给出了符合时代要求的解答。

本书的一大特色是具有趣味性、可读性。正如书名所示,"恰到好处的爱",这是教育的最佳境界。人与环境是相互作用的产物,教育的所有努力均将通过合适的人、合适的情境、合适的时机去完成。在合适的理念支配下,才能产生合适的教育成效。因此,理性施教,将爱孕育其中,是教育的理想境界。正如太阳每一天都不一样,每一片树叶每一天都会呈现出不同的状态,孩子作为一个成长中的个体,时刻会绽放出生命的绚丽光彩。作为陪伴孩子成长的家长,有幸在"看见儿童"中去有目的、有意识、有方法地施加教育的影响,是十分有价值的劳动。

"江南无所有,聊赠一枝春。"愿《恰到好处的爱——苏州工业园区东沙湖小学积极家庭教育周周谈》为家庭教育指导实践添上恰到好处的一笔,为千千万万幸福家庭科学育儿贡献智慧的力量。

教育的未来终将十分美好!

中国教育学会家庭教育专业委员会副理事长
南京师范大学教授、博士生导师

2023 年 3 月 22 日

前言

我从事小学教育工作四十年了,越来越喜欢一个词:恰到好处。什么是恰到好处呢?它是指说话、办事等正好达到适当的地步。

事实上,要做到恰到好处很难。我联想到当下的家庭教育,有少数家长是"用力不足"或"用力不准",而大多数家长则是"用力过猛"。许多家长为了孩子成长、成才全力以赴,甚至愿意付出一切代价。可实际上,不少家长在教育孩子的过程中,往往充满了焦虑、困惑、担心、抱怨,甚至痛苦,孩子也常常因来自家长的压力、控制而表现出逆反的情绪。因此,不适当的家庭教育,不但没有产生良好的教育作用,反而还会削减孩子成长和发展的勇气和力量。

著名的教育家马卡连柯说:子女固然由于父母方面的爱的不足而感到痛苦,可是,他们也会由于那种过分洋溢的伟大感觉而腐化堕落。理智应当成为家庭教育中常备的节制器,否则,孩子就要在父母最好的动机下养成最坏的特点和行为。为了改变上述现状,家长要学会科学、智慧地爱孩子。家庭教育需要变"看管"为"看见",变"干预"为"参与",变"替代"为"等待",变"赢了孩子"为"赢得孩子"。这样爱孩子,才是恰到好处的。

恰到好处的爱——苏州工业园区东沙湖小学积极家庭教育周周谈

如何能够恰到好处地爱孩子，让爱在家长和孩子之间积极流动，赋予孩子变得更好的力量呢？作为苏州市家庭教育名师工作室主持人，我带领团队从日常家庭教育指导实例中，遴选了52个具有代表性的热点话题，如：孩子做作业拖延怎么办？孩子做事不用心，到底是哪里出了问题？当孩子与同学发生矛盾时，家长要不要管？等等。针对这些话题，由苏州工业园区东沙湖小学优秀班主任、心理教师、家庭教育指导师组成的团队将教育学、心理学、脑科学等理论转化为家庭教育实操，以"家长留言""教师回复""心理教师敲黑板""今日小练习"四大板块，帮助家长解决疑惑，提升孩子的认知能力。

家庭是人生的第一课堂，家长是孩子的第一任教师，家庭教育是学校教育的背景和底色。本书通过案例式的"支招"，着力传播家庭积极养育的思想和理念，帮助家长树立正确的家庭教育观，构建健康和谐的亲子关系。阅读本书，家长将在建设"抱持型"①的家庭环境，理解孩子行为背后的需要，用"教育学眼光"去看待孩子等方面科学使力，做孩子的学习搭档、社交导师和生活教练，就会觉得原来恰到好处地爱孩子并没有那么难做到，这样爱孩子刚刚好，真正让家庭教育绽放无穷魅力。家长给孩子成长的勇气，为孩子的成长旅程提供源源不断的给养，同时也收获和孩子共同成长的一路花香。

最后，我想感谢参与编写本书的苏州工业园区东沙湖小

---

① 抱持型：在心理学中指母亲能够满足婴儿早期的各种生理需要。这里指在孩子成长中，家长不断给予他肯定，不贬低、不评价、不限制。这对于孩子的成长有着重要的意义。

学陈敏、李华、陆昀、严乐等优秀班主任，心理教师，家庭教育指导师；感谢创作插画的侍园园、马浩轩等19位师生；感谢参与设计本书封面的马小芹老师；感谢参与编写和指导的袁园老师、傅莉老师、康林老师、徐法忠老师；感谢苏州工业园区教育局领导的肯定；感谢为本书出版付出努力的苏州大学出版社的责任编辑冯云；感谢为本书编辑录音的FM91.1苏州新闻广播《911家长会》栏目记者邹洁！

2023年1月于苏州工业园区东沙湖小学

第一部分 做孩子的学习搭档

1. 家长应如何帮助孩子做好幼小衔接的工作? ………… 003
2. 孩子一做作业就觉得累怎么办? ………………………… 008
3. 孩子学习时,家长要陪伴吗? …………………………… 013
4. 孩子做作业遇到困难就急躁,家长该怎么办? ………… 018
5. 是督促孩子按时完成作业,还是按时休息? …………… 022
6. 孩子在学习上容易犯"迷糊"怎么办? ………………… 027
7. 孩子喜欢问很多问题怎么办? …………………………… 032
8. 孩子做事不用心,到底是哪里出了问题? ……………… 037
9. 孩子的专注力不够怎么办? ……………………………… 043
10. 孩子做作业拖延怎么办? ………………………………… 048
11. 没有时间辅导孩子学习怎么办? ………………………… 053
12. 孩子在学习上时间不够用怎么办? ……………………… 057
13. 孩子学习能力比较弱,家长该怎么办? ………………… 061
14. 孩子对运动不感兴趣怎么办? …………………………… 065
15. 孩子对绘画很感兴趣,家长如何帮助他发展自己的兴趣? …………………………………………………… 070

第二部分　做孩子的社交导师

1. 孩子比较内向，不愿意结识陌生的小伙伴怎么办？……077
2. 孩子喜欢独来独往，不愿意与同学来往怎么办？……081
3. 当孩子与同学发生矛盾时，家长要不要管？……………085
4. 孩子比较单纯，不懂得拒绝别人怎么办？……………090
5. 家长不喜欢孩子的同伴，该不该干涉？………………095
6. 孩子和母亲说的悄悄话，母亲该不该告诉父亲？……101
7. 好孩子是夸出来的吗？…………………………………106
8. 批评和鼓励对孩子都不起作用怎么办？………………111
9. 家长该不该拿别人家的孩子与自己的孩子比较？……116
10. 家长如何更好地加强亲子互动？………………………121
11. 家长陪伴时间少，如何做到高质量陪伴孩子？………126
12. 家长如何应对孩子的拒绝？……………………………131
13. 家长如何与孩子进行有效的沟通？……………………136
14. 孩子情绪失控，家长该怎么办？………………………141
15. 单亲家庭如何建立稳定的亲子关系？…………………146
16. 父母的教育观念不一致怎么办？………………………151
17. 如何缓和隔代教育的冲突？……………………………155
18. 孩子对教师有意见，家长该怎么跟孩子和教师
    沟通？……………………………………………………159
19. 在两孩成长中，家长怎么做到公平？…………………164

第三部分　做孩子的生活教练

1. 孩子生活习惯不好，这个问题严重吗？………………171

目录

2. 孩子遇事不急，家长总是着急上火怎么办？ …… 176
3. 孩子做事经常出错，还缺乏生活自理能力怎么办？
   …………………………………………………… 181
4. 家长与孩子什么时候分房睡觉合适？孩子不愿意
   怎么办？ ……………………………………… 186
5. 面对"熊孩子"的危险行为，家长该如何引导？ …… 191
6. 孩子花钱大手大脚怎么办？ ………………… 195
7. 怎样告诉孩子要做一个有爱心、有温度的人？ …… 199
8. 怎样培养孩子的团队合作能力？ …………… 204
9. 孩子不自信怎么办？ ………………………… 208
10. 孩子不愿意跟别人分享怎么办？ …………… 213
11. 怎样培养孩子迎难而上的勇气和坚韧不拔的精神？
    ……………………………………………… 217
12. 孩子有厌学情绪，家长如何引导？ ………… 221
13. 孩子感觉自己在班级中不受重视，情绪非常低落
    怎么办？ …………………………………… 225
14. 孩子为什么总是跟家长对着干？ …………… 229
15. 当孩子看了家长认为不该看的书籍时，家长该
    怎么办？ …………………………………… 234
16. 当孩子面对身体发育表现出好奇的时候，家长该
    怎么做？ …………………………………… 239
17. 怎么做好早发育的女孩的心理和生理辅导？ …… 244
18. 怎么做好晚发育的男孩的心理建设？ ……… 249

第一部分

做孩子的学习搭档

第一部分 做孩子的学习搭档

1

家长应如何帮助孩子做好幼小衔接的工作?

我国著名教育家陶行知先生说:"积千累万,不如养个好习惯。"在幼小衔接阶段,家长应当关注孩子在成长过程中角色的转变,关注孩子学习兴趣的激发,关注孩子学习习惯的培养,而不是按照自己的意愿让孩子进行"必要"的提前学习。

家长留言

孩子马上就要升入小学一年级了。作为家长,我很焦虑。我既担心其他孩子会在学习上大幅领先我家孩子,又担心我家孩子不能适应学校的生活。我是不是应当给孩子多报几个课外班,帮助孩子适应小学生活呢?幼小衔接,除了引导孩子学习文化课,我还要做哪些方面的准备呢?

教师回复

孩子从幼儿园升入小学,是他们成长历程中一次重要的

003

身份转变，他们所面临的成长任务发生了变化，家长因此产生的担忧、紧张等情绪都是正常的，而要适应这一系列的变化，提前做一些准备也是可行的。但是，家长盲目地引导孩子"抢跑""抢学"，也许会削弱孩子的学习积极性，让孩子对小学生活产生负面情绪。如何帮助孩子适应小学生活，很多家长也许会陷入只关注知识准备的误区，忽略了孩子学习兴趣和学习习惯的培养，这样"抢跑"式的领先并不能持久。

因此，家长可以从以下三个方面入手，帮助孩子做好幼小衔接的工作。

第一，带领孩子一起阅读。家长可以安排固定时间、固定地点、固定伴读人，带领孩子一起养成每天阅读的好习惯。记得我担任小学一年级的班主任时，班级中一个叫峥峥的小男孩引起了我的注意。这个孩子识字量很大，在识字、阅读方面都十分得心应手。小小年纪的他对数学、物理、化学和天文等方面的知识都很感兴趣。我问他："你长大了想做什么？"他毫不犹豫地回答："我想做一名宇航员。"我看得出来，他喜欢学习，热爱知识，小学一年级的学习生活让他倍感愉悦。家访时，我了解到，在峥峥小的时候，他的父母就坚持给他读故事，和他一起编故事。峥峥的母亲十分喜欢阅读，每每读到有趣的地方，总会和峥峥进行讨论，他也乐在其中。在这种没有功利性的陪伴阅读中，峥峥不仅感受到了阅读的快乐，也认识了不少字。当峥峥能自主阅读时，他的母亲又常带他去图书馆，让他自主选择想看的书籍，并在他专心阅读时，充分给予其阅读的自由。

第二，把学科知识融入生活和游戏之中。在一些亲子互动的游戏中，融入学科知识，既能激发孩子的学习兴趣，又能在潜移默化中为其做好学科学习的准备。在数学的启蒙上，峥峥的父亲也另辟蹊径，他通过和峥峥玩游戏的方式，培养峥峥的数感。例如，掷骰子走数字迷宫，掷到数字几就走几步，这样可以引导峥峥练习加法；而从终点倒回来走就是引导峥峥练习减法。再如，玩扑克牌，每人可以抓五张扑克牌，将扑克牌上的数字相加，看谁的扑克牌上的数字之和大。这些简单的数学游戏，让峥峥兴趣盎然，也让他轻轻松松就学会了 20 以内的加减法。更重要的是，峥峥能从中感受到知识应用于生活的乐趣。

第三，良好生活习惯的培养和积极的入学情绪准备也必不可少。峥峥的父母按照峥峥的生活作息规律，提前给他制作了生活作息表，保证他能够更好地适应小学的作息时间。此外，在生活中，他们还注意锻炼峥峥的自理能力，特别是整理自己物品的能力。外出前，峥峥的父亲会让峥峥自己准备出门所需的物品。每次游戏结束后，峥峥也需要自己整理好玩具。科学的作息和良好的自理能力都有助于峥峥有条不紊地适应小学生活。为了让峥峥对小学有更多的了解，以积极饱满的情绪迎接小学生活，峥峥的母亲陪伴峥峥阅读了一系列幼小衔接的绘本，还请峥峥的表姐讲述学生的校园生活。父母这些积极的引导，都让峥峥对小学生活无比期待。

培养孩子对学习的兴趣，优于学科知识的准备。家长可以让孩子养成每天阅读的好习惯，引导孩子在有趣的游戏中学习知识，培养孩子良好的生活习惯，这些都十分重要。孩子在充分了解小学生活后，能够在一定程度上缓解对入学的焦虑感，以积极的情绪面对即将到来的小学生活。

恰到好处的爱——苏州工业园区东沙湖小学积极家庭教育周周谈

峥峥的母亲陪伴峥峥共读幼小衔接的绘本

 心理教师敲黑板

"担心孩子输在起跑线上"是孩子在成长过程中每一阶段开始时家长不自觉的反应。但是家长的担忧并不能使孩子健康成长,反而会带给孩子很大的压力。这时,家长需要了解孩子的内心需求,从以下几个方面进行自我心理疏导。

首先,不同孩子的发育快慢不同,各有先后,无论家长如何为孩子做好准备,每个孩子都可能在某个方面发育相对缓慢。例如,敏锐、理解力强的孩子钝感力、抗压力会略低一些。因此,希望孩子从一开始就全方位优秀,是家长需要放下的执念。

其次,幼小衔接,需要衔接的不仅仅是孩子的学习能力,还包括孩子的表达能力、交往能力、情绪管理能力、自我评价能力等。即使当下我国教育改革一再弱化排名制度，但毋庸置疑的是，与幼儿园阶段相比，小学阶段的孩子会面临更多被评价的情境。这时，家长应当帮助孩子理解获取成绩的意义，这才是做好幼小衔接工作的关键。

以一颗平常心对待自己的考试——这是每隔一段时间用来衡量和评估自身水平的常见手段，也是帮助孩子建立正确的自我认知、维持稳定的情绪、培养坚定的意志、积极健康地与人交往的基础。认知、情绪和意志三个方面的发展远比认字多、成绩好对孩子未来的影响更大。用积极乐观的心态和全面评价的观念影响孩子，远比具体给孩子讲授知识和方法更重要。

 今日小练习

1. 家长和孩子一起共读幼小衔接的相关绘本——《我上一年级啦！》。这本绘本既实用又好玩，不仅能抚慰孩子上学前的不安情绪，还能教会孩子享受成长的快乐！

2. 家长和孩子一起查阅小学校园的相关介绍和图片，提前了解小学的学习生活、作息时间，带领孩子一起制作一张小学的生活作息表。

恰到好处的爱——苏州工业园区东沙湖小学积极家庭教育周周谈

2 孩子一做作业就觉得累怎么办？

想要让孩子对自己的作业负责，家长可以通过自己的言行向孩子表明态度："做作业是你自己的事情，你不仅需要为自己的作业负责，还需要为此付出努力。"

家长留言

> 我最大的困惑是孩子做作业的问题。孩子每次放学回家后只要一做作业就觉得累，写一会儿作业就不耐烦，想要休息一会儿。每当他不想做作业的时候就会提出一些条件。如果我不接受他的条件，他就会发脾气，不肯做作业，甚至还会做出过激的行为。这时，我会不理他，他冷静下来后就会自己承认错误。我们再商量着把做作业的条件改一改。孩子的心情变好了，他做作业时就会认真一些。

教师回复

我们可以一起来做个自我觉察测试。想一想：如果孩子做不完作业，最着急的是家长，还是孩子？如果答案是家长，那么家长需要提醒自己，我们很可能把孩子的作业"背"在了自己的身上，因此作业就成了家长的作业，而不是孩子的作业。这时就可能出现家长"逼孩子"做作业的情况，这样会削弱孩子对作业的责任感。

因此，家长可以从以下三个方面入手，培养孩子做作业的积极性。

第一，提醒自己，不催促孩子，只描述自己所看到的事实。例如，家长看到孩子放学后躺在沙发上，就要提醒自己，不要急着催促孩子去做作业。家长可以对孩子说："我看到你今天回来没精打采的，一头倒在沙发上，一点儿力气都没有，我想你一定是累坏了。"不少家长看到孩子回家后没有第一时间做作业时，很可能会催促孩子，指责孩子的行为，这会令孩子产生厌烦或抵触的情绪；如果家长能够不带情绪地描述自己所看到的事实，这样能够让孩子更容易接受。

第二，接纳与安抚孩子的感受和情绪。家长可以拥抱孩子，宽慰孩子："在学校上了一天的课，你一定感到很累。这就好比我上了一天的班，现在也会感觉特别累。"很多家长会觉得这样的话自己很难说出口。一方面，有些家长内心很不认同孩子会产生累的感受；另一方面，有些家长会担心一旦自己接受了孩子感到累的事实，会导致更糟糕的结果——孩子不愿意做作业。其实，这只是家长的担心而已。当孩子体会到自己的感受被接纳、被看到、被理解时，就会缓解不良情绪，家长才有机会帮助孩子想办法解决问题。

家长安抚孩子的情绪

第三，表示愿意为孩子提供帮助，共同解决作业中的问题。家长可以对孩子说："我看到微信群里语文、数学、外语各科教师一共布置了 6 项作业，可是你现在这样累，我可以怎么帮助你呢？你打算怎样安排你做作业的时间呢？"家长站在孩子的身后给予孩子支持，但是把选择权交给孩子，当孩子感受到自己可以拿主意时，可能更愿意去发掘自我成长的潜力。家长可以建议孩子一放学就做作业，但孩子也可以选择先运动、阅读，再做作业。在我教过的孩子中，有一个女孩一放学就感到很疲惫，她选择回家之后先小睡一会儿，再起床做作业，这样做作业的效率更高。我觉得这样的安排也很合理。有一个男孩特别喜欢踢足球，他放学后会踢一会儿足球，再做作业。我觉得这也是非常不错的选择。只要孩子能安排好做作业的时间,在计划的时间里完成作业就可以了。

第四,为孩子的行为设限。我的一个同事跟孩子约定要遵守每天晚上 9 点以后不做作业的原则。那么,要想在晚上 9 点以前完成作业,我们可以怎样安排做作业的时间呢?家长可以引导孩子合理规划做作业的时间,帮助孩子建立自我奖励的模式。如:孩子每完成一项任务,家长可以在孩子的作业记录表上盖一个积分章,当积分章积累到一定数量时,可以实现孩子的一个小愿望;或者周末带领孩子观看一场电影;等等。

孩子完成作业的能力并不会因为家长对孩子做作业态度逐渐变得严格而有所提高,有时情况可能正好相反,会变得越来越弱。家长学会接纳孩子糟糕的情绪,从做作业的主导者变为支持者、辅助者,孩子就会拥有做作业的主导权和决定权,并且逐渐意识到除了自己,没人能为自己的学习负责。这时,他才会主动积极地规划,努力完成作业。

 心理教师敲黑板

情绪是一个身体信号。有时糟糕的情绪,可能看似不合理,但它背后的需求其实是可以被理解的。孩子的情绪背后可能是与家长分离一个白天之后想要寻求沟通的需求。所以,家长大可不必担心照顾孩子的情绪会把孩子宠坏,反而要问问自己,孩子在用这个情绪表达什么内在需求。

恰到好处的爱——苏州工业园区东沙湖小学积极家庭教育周周谈

今日小练习

1. 家长和孩子一起看一部电影《跑吧孩子》,引导孩子朝着梦想不停地奔跑。一切皆有可能!

2. 亲子共情练习:当孩子跟你抱怨"水很烫"或者"作业很多的时候",请试着站在孩子的角度理解他的感受,并告诉孩子,你能理解他的感受。

3 孩子学习时,家长要陪伴吗?

家长陪伴孩子学习,重点不是教会孩子知识,而是用实际行动带领孩子一点点体悟什么才是学习。学习所获得的不是不停地被否定的痛苦,而是不断超越自我的快乐。

 家长留言

孩子放学后的学习时间,是我和孩子的母亲最苦恼的时候。我和孩子的母亲每天都陪伴孩子学习,虽然付出了时间和精力,但是孩子连最基本的学习习惯都没有养成,更别谈更深层次的思维发展和能力提升了。更令人担忧的是,孩子对我们已经产生了依赖,不愿意独自学习,我们该怎么办呢?

 教师回复

在我所教的班级中,大多数家长会选择在孩子读小学低年级时陪伴孩子一起学习。许多家长会感到困惑:一方面,担心不陪伴孩子，孩子的学习成绩会落后；另一方面，又担心长期陪伴孩子，孩子在学习上会依赖自己。所以，家长为什么陪伴孩子学习？陪伴的目的是什么？这些是家长需要仔细思考和探究的问题。我觉得小学低年级，当孩子自主学习的能力还不足以独自应对当前的学习任务时，家长可以适当地陪伴孩子学习。但是陪伴是为了不陪，陪伴也是为了帮助孩子养成良好的学习习惯，提升孩子的自主学习能力，帮助孩子走向独立。

具体而言，家长可以从以下两个方面科学地陪伴孩子学习。

第一，做一个耐心的观察者。家长在陪伴孩子学习时，如果发现孩子在学习中遇到问题，不要急于干预，而要等孩子完成学习任务后，再与孩子一起回顾和反思。对于小学一年级、二年级的孩子来说，他们正处于十分重要的过渡阶段，正在适应学校安排的学习任务、学习规则和生活作息。每个孩子的适应能力是不同的。这个阶段，家长在陪伴孩子学习时，要做一个耐心的观察者，不要急于给孩子贴上不专心的标签。例如，小贾一年级时，她的母亲发现小贾在学习时有一些不好的习惯。小贾习惯趴在桌子上写字，左手时不时会去摸橡皮。小贾的母亲没有直接责备小贾，也没有在她学习时不断去提醒。小贾的母亲先是观察在什么情况下小贾会出现这些不良行为，思考产生这些不良行为的原因。同时，小贾的母亲记录下小贾趴在桌子上写字和做小动作的频率及其持续时间等信息，等到小贾中途休息或是结束学习后，和小贾聊一聊她身上出现不良行为的原因，问一问小贾对这些不良行为的看法，谈一谈改进的对策。如此一来，小贾也渐渐改掉了做作业不专心的毛病。因此,家长帮助孩子回顾、反思他身上出现的不良行为,有利于孩子在学习中不断积累有用的经验。

小贾做作业不专心

第二,做好深度陪伴,不仅可以锻炼孩子的思维能力,还可以提升孩子的自主学习能力。小刘的父亲从小学一年级就坚持陪伴儿子预习课文。刚开始,当小刘预习课文时,小刘的父亲会根据课文内容提出问题,考一考小刘。到了小刘读二年级时,小刘的父亲让小刘在预习完课文之后,说说自己心中的疑问,并努力寻找答案。后来,小刘的父亲就让小刘自己提出问题、思考问题、解决问题。在语文学科的学习上,小刘的思维越来越敏捷,他也将这种提问式的学习方法迁移到了其他学科当中。小刘的父亲在用深度陪伴潜移默化地告诉小刘"学贵有疑",这样就提升了小刘的自主学习能力。因此,当孩子拥有自主学习能力时,家长就可以慢慢退出孩子的学习舞台,降低自己的存在感,进一步巩固孩子自主学习的能力。但退出不等于完全放手,当孩子的学习需要家长一定的支持、鼓励时,家长也应当进行适当的陪伴。当孩子独自学习时,家长可以和孩子共用一个空间,比如在一旁读书或者工作,这种时空上的陪伴能够让孩子在学习时更加安心。

观察陪伴和深度陪伴的目的是让孩子走向独立,孩子从中获得的是积极的学习体验,以及思维能力的提升。空间上的"隐形"陪伴,为孩子营造了良好的家庭学习氛围,也为孩子的成长留下了一段美好的亲子时光。

 心理教师敲黑板

家长要不要陪伴孩子学习确实是一个问题,我们不妨从另一个层面去看待这个问题,即亲子学习和课堂学习有哪些差别。

课堂是集体环境,孩子是集体中的一分子,教师上课不可能关注到每一个孩子的需要,这不仅仅是受客观条件的限制,也是孩子适应环境所需要经历的社会化过程。而家庭环境则让孩子的个性特点有机会被深入地关注。所以,家长陪伴孩子学习,其实不仅能够帮助孩子适应学校的集体生活,也能够关注到孩子在适应集体生活时的困难,并适当满足孩子在集体生活中不能够被充分关注到的需要。例如,有的孩子比别的孩子思考得深入,但思考速度比较慢,可能需要回家后跟家长做更多交流,这时家长陪伴孩子学习就不是催促,而是为孩子提供一个充分表达自己意见的机会。又如,有的孩子思维敏捷,但常常思考不周全,需要家长帮助他放慢自己思考的节奏,整理一下自己推理的过程,这时家长陪伴孩子学习不是责怪他粗心,而是帮助他建立条理性。再如,有的孩子特别爱提问或者对某一方面的知识特别感兴趣,在课堂环境中教师无法回答太多问题,家长陪伴孩子学习不是简单地回答问题,而是尽量去满足孩子的好奇心,运用生活中的资源,带领孩子一同寻找答案,等等。家长陪伴孩子学习,保质保量地完成作业的责任依然在孩子,但观察孩子的行为特点,并满足孩子个性化需要的责任则在家长。

今日小练习

1. 家长带领孩子一起阅读图书《天才是这样炼成的》。根据其中的天才修炼"真经",家长引导孩子去修炼自己,去寻找属于自己的成才之路。

2. 家长和孩子一起观看电影《叫我第一名》,让孩子了解在通往梦想的路上,调整的是脚步,而不是初衷。

恰到好处的爱——苏州工业园区东沙湖小学积极家庭教育周周谈

4 孩子做作业遇到困难就急躁，家长该怎么办？

如果家长能够在小事情上花费一些心思，恰当地回应孩子，为孩子创造一个和谐宽松的成长环境，那么孩子在未来的漫长人生之中，一定会受益匪浅。

家长留言

孩子在做作业时，一遇到困难就变得特别急躁，总是大声地喊我，希望得到我的帮助。我既无奈又担忧。一方面，我期待孩子独立一些，能够自己去面对学习中的困难；另一方面，面对孩子的急躁、依赖，我又没有解决的方法。那么，我应该如何改变这样的状况呢？

教师回复

面对这样的状况，家长不要过于担忧。洋洋的父母都是教师。洋洋每次在家做作业时，遇到难题就立马请教自己的父母。洋洋的父母每次都耐心地辅导洋洋,后来洋洋一遇到自己不擅长的题目,他就会大声喊自己的父母来帮忙。观察到这样的现象后,洋洋的母亲在本子上写下了对洋洋现状的分析:洋洋在学习上对自己有一定要求,遇到了难题他会寻求帮助,但她更希望洋洋在学习中遇到困难时,能自己先独立思考,等完成学习任务后,再去寻求帮助,解决难题。

作为家长,我们可以从以下两个方面来培养孩子独立解决问题的能力。

第一,和孩子一起商量制作作业小贴士,贴在孩子做作业时一抬头就能看到的地方。洋洋的母亲在作业小贴士上给洋洋列了几条要求:自信一点,在做作业时——遇到难题,要尝试自己去解决;多想一点,遇到难题,多联想相关知识点,圈画出关键词,重新提取信息;耐心一点,自己解决不了的问题,完成学习任务后,再次寻找解决问题的方法。当洋洋遇到困难时,他的母亲不再直接告诉洋洋问题的答案,而是鼓励洋洋自己去尝试解决问题。如果洋洋实在找不到解决问题的办法,他的母亲会将难题进行拆分,逐步降低问题的难度后,再让洋洋尝试自己解决问题。当洋洋在他的母亲的提示下成功解决难题时,她可以鼓励洋洋说:"今天的作业,你学会了独立思考,战胜了困难,很棒!你重新读了题目,厘清了思路,凭借自己的努力,解决了这道难题,真了不起!"洋洋的母亲的鼓励让洋洋对自己独立完成作业充满信心。

第二,帮助孩子克服困难,总结成功经验,逐渐树立信心。天天是一个"怕事"的小男孩。有一次,语文教师布置背诵课文的作业,天天读了两个晚上都没能背诵出来。那天晚上9点,天天哭着拨通了语文教师的电话。天天的母亲也

恰到好处的爱——苏州工业园区东沙湖小学积极家庭教育周周谈

天天向语文教师哭诉背诵课文难度太大

显得很无奈,抱怨道:"天天是家里的老二,我们平时什么事都不舍得让他做。刚刚他背诵不出课文,我就说了他两句,他就哭了起来……"语文教师给天天讲了诺贝尔发明炸药失败了500多次的故事,告诉天天失败代表不了什么,关键是要在失败中总结经验、吸取教训,并坚持不懈地努力尝试。第二天,天天终于通过自己的努力完成了背诵课文的作业。而且,天天在课堂上背诵得非常流利,得到了语文教师的肯定。语文教师让天天说说背诵课文有什么好方法时,天天说可以分段多读,多尝试背诵。因为有了这次成功的经验,天天对背诵课文特别有信心,后来每次背诵都非常积极。

家长可以多次尝试帮助孩子通过努力克服困难,总结属于孩子自己的学习方法,这样能够帮助孩子在学习上逐渐树立信心,积攒克服困难的勇气。在一次次克服困难的过程中,孩子能够逐渐养成乐观、坚强、独立的品质。

心理教师敲黑板

当孩子在学习中遇到困难，变得十分急躁，求助于家长时，家长要接纳孩子目前的状况，避免采用指责、忽视等方式，加剧孩子焦虑的情绪。在日常生活中，家长要多鼓励孩子，引导孩子尝试多种解决困难的方法，培养孩子的抗挫能力，增强孩子的信心。此外，家长还要增加与孩子的互动，让孩子感受到爱和陪伴。家庭环境是轻松、愉悦、和谐的，孩子的内心才会充满阳光。

 今日小练习

家长和孩子一起阅读绘本《我喜欢自己》。希望每个孩子都可以爱上自己。

恰到好处的爱——苏州工业园区东沙湖小学积极家庭教育周周谈

5 是督促孩子按时完成作业，还是按时休息？

睡眠是孩子生活中非常重要的一部分。孩子睡眠不足时容易冲动，缺乏自我管理能力，这时，家长在家庭中应当和孩子一起管理好他们的睡眠时间。

 家长留言

> 孩子上小学五年级了，进入高年级后，他的学习强度和作业量都明显增加了。但是，孩子似乎自己意识不到危机，成天还需要我盯着做作业，而且孩子写作业的速度特别慢。有时候，我会给他布置一些课外作业，希望他能更好地巩固课堂知识，但通常他做课内作业就得做到晚上9点，如果我再额外布置课外作业，担心这会影响孩子的睡眠。那么，孩子写不完作业是让他睡觉，还是督促他写完了再睡呢？如何平衡作业和睡眠之间的关系呢？

第一部分 做孩子的学习搭档

 教师回复

关于作业和睡眠的问题,如果一定要让我在二者之间做一个选择的话,我想我一定会选择充足的睡眠。有一句英文谚语说得好,"Rome was not built in a day!"("罗马不是一日建成的!")。学习是一场马拉松,又岂在朝夕之间。

睡眠问题讲解

具体而言,家长可以从以下三个方面入手,帮助孩子平衡作业和睡眠之间的关系。

第一,睡眠优先原则。家长要和孩子一起合理地规划好放学后的时间,在保证孩子拥有充足的睡眠的前提下,再去安排学习和做作业的时间。现代科学研究表明,充足的睡眠可以促进生长发育、保持精力充沛、舒缓焦虑情绪、培养良好性格、减少感染疾病的概率,这些好处相信大部分家长都明白。充足的睡眠的好处还不止于此,它对每个孩子的学习也有巨大的帮助。孩子每天在课堂上获取大量的知识就好比接收一个个"快递",白天这些"快递"被杂乱地堆放在大脑中。当孩子进入睡眠时,大脑会对白天接收到的这些"快递"进行分类、整理。如果孩子缺少睡眠,那么大脑便无暇整理零碎的、杂乱的"快递",也就无法灵活运用所学的知识了。由此可见,当作业和睡眠发生冲突时,我们应该先保证孩子的睡眠。

第二,和孩子达成一致的目标。作为教师,我曾经遇到过这样一类孩子,他们觉得自己做完教师布置的作业后,家长就会布置课外作业,于是他们就故意拖拉磨蹭,久而久之,就养成做作业拖拉的不良习惯。

家长如果希望给孩子布置课外作业,先要和孩子达成一致的目标。例如,我的孩子有段时间做数学计算题常常会出错,我跟他约定:每天练一页纸的计算题,什么时候不出错,什么时候停止这个练习。尽管他不乐意,但他还是接受了这个约定。有一天,我发现他做题的时候非常不耐烦,做着做着,竟然眼睛都哭红了。我当时就很生气地质问道:"我只是让你做计算题而已,你为什么要哭?"孩子委屈地说:"我就是不可能全做对,而且我觉得做计算题太浪费时间了,我想把这个时间节约下来去看课外书。"于是,我就开始反思,孩子带着这种抵触的情绪去做计算题,效果一定不好。那天晚上,我没有让他继续做计算题,而是跟他促膝长谈。我告诉他,让他做计算题的目的不是惩罚他,而是帮他找到做计算题的感觉,提高计算的正确率,这些只能在实践中才能体会到。如果他愿意换一种心情,开心地去完成这个作业,他做计算题的正确率一定会有所提高,而且他带着这样一份愉快的心情去接受这个作业,比闷闷不乐地做计算题效果一定好得多。孩子说:"那好吧!我会静下心来重新做计算题。"果然,几天下来,孩子做计算题的正确率明显提高了,他在学校里做计算题连续三次都是全对。教师也表扬了他,孩子自己也很高兴。接下来几天,孩子做完作业后主动要求做一页纸的计算题。我想,这是因为我和孩子在思想和目标上达成了一致,所以孩子的学习状态才进入了这样一个良性的循环——孩子不仅愿意做计算题了,效率提高了,正确率也提高了。

因此,家长要做的是帮助孩子找到他真正愿意做的事情,并鼓励孩子既要有梦,又要敢想,把遥不可及的梦想,化作一步一个脚印的努力。因为梦想是每一个孩子不断向上攀登的原动力。

第三,帮助孩子精选题目。适当的练习可以帮助孩子巩固知识,温故而知新。家长布置课外作业时要注意精选题目,没有必要采用题海战术,因为做题不是多多益善,而是要针对孩子学习中的薄弱点,让孩子选择有针对性的练习,引导孩子适当练习。根据孩子的具体情况,家长应当合理安排练习的时间,和孩子商量好提高做作业效率的方法,给孩子留有空余时间自由支配,这样就不会影响孩子的睡眠了。

充足的睡眠可以保证孩子的大脑得到充分的休息,保证孩子第二天上课的听课效率,让孩子的大脑在睡眠中梳理一天所学到的知识,这样孩子才能学得更好。

 心理教师敲黑板

充足的睡眠是生命活动的保障。科学研究发现,睡眠时间不足会导致人的记忆力下降、情绪紊乱，甚至引发心脏病、高血压等。人在睡眠的过程中，大脑会按照自己的方式对知识进行加工、整理、储存。充足的睡眠在一定程度上不仅可以提高孩子学习的效率，还能增强孩子的记忆力。

家长如何判断孩子的睡眠是否充足呢？具体可以从四个方面观察。一是孩子在课堂上是否精力充沛；二是孩子做作业的效率和正确率是否较高；三是孩子是否有玩耍的动力；四是孩子的情绪是否稳定。如果孩子出现睡眠不足的情况，家长除了要调整作息时间，还要督促孩子加强运动。因为运动可以促进人体大脑和小脑的发育平衡，也能拓宽神经元之间的神经通路，让孩子保持兴奋和自信。

今日小练习

1. 家长和孩子聊一聊梦想，告诉孩子为了自己的梦想必须付出的实践和努力，和孩子形成思想上的统一。

2. 家长为孩子留出充足的睡眠时间后，针对孩子在学习中遇到的问题，和孩子一起挑选一些他愿意完成的课外作业进行适量练习。

6 孩子在学习上容易犯"迷糊"怎么办？

家长接纳孩子的成长节奏和学习表现，看到他在各种尝试中努力的过程，肯定他在成长过程中的每一点进步，引导他获得美好的体验，有助于孩子树立"我能行，我会更好"的信念。

家长留言

孩子读题的速度很快，看到题目时总是一扫而过，这个习惯在其所有学科的学习上都有体现，但他做题的时候很粗心，反复做过的题目还时常出错。我只有刻意让他重复做几遍题，他才能勉强记住。但是隔一段时间不复习，他又会马上忘记。面对这样的"小迷糊"，我该怎么办呢？

教师回复

在十多年的工作中，我发现小学低年级的"小迷糊"

还不少，他们做错的题目会反复出错，背诵过的课文隔一段时间不复习就会马上忘记，做题时还没审清楚题目提笔就写……这些都是经常在孩子身上出现的现象。这是由低年级孩子的思维发展不完善决定的。家长如果觉得孩子应该做到"有错就改""错过的题目不再出错"，这样的要求实在太高了。面对孩子在学习上容易犯"迷糊"，家长往往容易认为是孩子学习态度不端正，对学习不够重视，所以常常对孩子进行说教，教育孩子学习要认真，做题要细心，看题要仔细，但往往收效甚微。那么，家长可以怎么做呢？

孩子做题反复出错

第一，在每一次跟孩子的互动中落实"犯错是学习的好机会"这一理念。有一位教师曾经在交流活动中分享过他在教育儿子的过程中最重要的一个秘诀。这位教师说面对儿子从小到大拿回家的试卷，他只做一件事情，那就是先让孩子自己看错题，然后让孩子自己分析做错的原因，并说说下一次怎样才可以不再做错，真正把每一次犯错当成学习的好机会。

如果家长觉得孩子做题错得多，反复出错，可以带着孩子一起整理出一本错题集，仔细梳理错题，总结做题规律：是前后鼻音区分不好，还是字形左右颠倒；是数量关系理不清楚，还是运算出现错误……同时，家长可以引导孩子根据总结的做题规律，选择同类型的题目进行专门练习。我家孩子读小学三年级时，我发现他会反复写错相同的字，反复做错同类型的数学题，所以我们一直坚持整理错题集，并且定期复习。

第二，和孩子一起设定能够达成的小目标，鼓励孩子不断努力，反复练习。 我家孩子数学口算的速度较慢，而且正确率也不高，这些问题在很长一段时间里经常困扰着他。例如，数学口算试卷有 100 道题，别人花 4 分钟做 80 道题，但是我家孩子在相同时间内只能做 40 道题。看着自己的口算成绩，他感到十分受挫。我跟他说，我们不跟别人比较，每天固定 15 分钟练习口算，争取能够达到在 4 分钟内完成 60 道题的目标，只要坚持练习一定会有效果。在练习的过程中，孩子的进步十分缓慢，但在期末口算测验中，他在 4 分钟内完成了 60 道题，终于过关了。孩子感到很快乐，甚至感觉自己比那些做了 80 道题的孩子还要快乐。现在如果他在学习上遇到字词默写错误较多，或者数学题做错的情况，他都会从容地说："多练练，练练就好了！"养育孩子就像是农民种地，播撒一粒种子，浇水施肥，只问耕耘，不问收获，只要耐心等待，任凭种子在合适的时候发芽，就能在恰当的时候开花结果。

第三，接纳孩子的现状，把错误和困难看成学习的机会。家长为孩子营造一个容错的环境，教会孩子认真对待错误和困难，陪伴孩子一起改正错误、克服困难，同时引导孩子获得一种对学习的"胜任感"。

 心理教师敲黑板

首先，要了解孩子生理、心理发育的阶段性特点。小学低年级的孩子处于具体运算和逻辑思维初步发展时期，在语言的学习、数学的运算方面，家长要注重多运用形象化、生活化、游戏化的教育方式，这样更容易帮助孩子识记和运用。

其次，要遵循孩子个性差异的特点。在同一年龄发展阶段的孩子，也存在显著的个体差异。孩子个性的外在表现、各个感官对外界信息接收的敏感度各不相同。家长应当敏锐感知自己孩子的个性特点，感知孩子个性发展的优势，制定适合自己孩子学习和成长的方法。

最后，要尝试对孩子的"问题"进行重新解读。家长可以将孩子的"问题"理解为孩子发出的信号，引导孩子寻找适合自己的新方式。家长应当避免对孩子做出负面评价，表达与孩子共同解决"问题"的态度。

今日小练习

1. 推荐家长阅读图书《学习的自我效能》。自我效能高的人，会主动选择一些富有挑战性的活动，以便不断提升自己的效能感。

2. 家长帮助孩子一起回顾最近在学习中总结的成功经验，帮助孩子强化成功的体验，让孩子说一说在这些成功经验中有哪些有用的方法。

恰到好处的爱——苏州工业园区东沙湖小学积极家庭教育周周谈

7
孩子喜欢问很多问题怎么办？

好奇心和求知欲是驱动孩子成长的关键。孩子喜欢问问题的这种表现也是有阶段性的，家长不要等到孩子长大了，才后悔当初为什么没有对自己的孩子耐心一点。毕竟孩子的成长只有一次，错过就没有机会重来。

 家长留言

孩子喜欢问问题，无论是生活中的问题，还是学习中的问题都要问个不停。每天工作回家，我已经很累了，真的没有耐心一一回答孩子的问题，但不回答又显得不重视孩子。而且，孩子看到什么都要问为什么。我们常常怀疑，孩子这样的表现是不是缺乏自主思考的能力呢？

 教师回复

我想告诉这位家长，如果你有这样一个喜欢问问题的孩子，应该为此而感到高兴和骄傲。喜欢问问题的孩子通常具有很强的好奇心和求知欲。对他们来说，提问是他们认识世界的一种重要方式，而比答案更有价值的就是好奇本身。

具体而言，家长可以从以下三个方面入手，解决孩子的问题。

第一，耐心对待孩子的问题。当孩子问问题的时候，家长千万不要表现出不耐烦的样子。孩子好问的表现也是有阶段性的，家长一定要耐心对待。斯坦福大学博士陈美龄将自己的三个孩子也送进了斯坦福大学，在回顾自己的教育方法时，她分享过这样一个小故事。有一次，她在炒菜，孩子跑过来问她："为什么天空是蓝色的？"她根本回答不出来。可是，她立刻把火关了，耐心地说："你问的问题真好，我们一

孩子向家长问问题

起去寻找答案!"孩子提问的时候,她绝对不会让孩子等一下,而是会立刻带着孩子去寻找答案。不得不说,陈美龄在这一点上是值得我们学习的。"为什么天空是蓝色的?"这样的问题,她自己也不知道答案。她没有推脱说"你去问爸爸",也没有让孩子等她炒完菜再回答,而是立刻关上火,带着孩子一起去寻找答案。这种对孩子的尊重和耐心令人动容。所以,面对一个爱问问题的孩子时,家长应当调整好自己的心态,告诉自己要耐心,再耐心!

第二,帮助孩子寻找兴趣点。家长要做一个有心人,留意孩子的问题和哪些事物相关,同时把他的问题记录下来进行分类,自然就会发现孩子的兴趣点在哪里了。有些孩子感兴趣的点很多,家长可以推荐一些科普图书引导他阅读,让他从书中寻找答案。我曾经教过一个小男孩,他和别人聊天时总能联系到军事问题,他的父亲发现了儿子对军事知识非常感兴趣,于是就给他准备了许多这方面的书籍,家里也摆满了各种各样军事器械的模型玩具。等到了小学高年级时,小男孩成了班级里的"军事专家",其他男孩都爱和他讨教这方面的问题,说不定将来他就能成为一位军事专家呢!

第三,引导孩子在实践中尝试。家长适当地引导,不仅能够帮助孩子在实践中深入地观察和探索问题,还能够帮助孩子养成独立思考、深入探究的好习惯。在这里和大家分享一位母亲智慧的做法。这位母亲是我的同事,也是一位教师。有一次,她9岁的女儿调皮地问母亲:"我手中的鸡蛋如果从空中扔下去会碎吗?"这位母亲没有直接回答,而是说:"你可以在确认周围没有人的情况下,自己试一下。"孩子立马就把鸡蛋从空中扔了下去,结果可想而知。这位母亲受到了她女儿的启发，为班上的孩子设计了一堂实验课，让他们寻找各种不同的材料，保护鸡蛋从一定高度落下时不会碎掉，并看看哪一种材料的保护效果最好。于是，班上的孩子开始不断尝试。有的孩子把鸡蛋放在沙袋里从空中扔下去；有的孩子用棉花把鸡蛋包裹住从空中扔下去；还有的孩子突发奇想，用塑料袋给鸡蛋做了一个降落伞，看看鸡蛋能不能安全着陆。这堂实验课比赛的冠军是一个用厚塑料泡沫包裹鸡蛋的小男孩，他的鸡蛋在落地后完好无损。面对孩子提出的这个简单的问题，这位母亲作为教师不仅启发班上的孩子通过自己的亲身实践和不断尝试来寻找答案，还引导他们学会探索，学会用自己的行动力来解决问题。

尊重孩子的每一个问题，便是保护孩子的好奇心和求知欲。如果家长都能像文中那位智慧的母亲一样，鼓励孩子自己动手，亲身实践，就能成功地把孩子引向主动尝试和探索之路。

 心理教师敲黑板

人的一生都在解密自我与外部世界是如何联结的。保持孩子的天性，肯定孩子的好奇心，激发孩子的求知欲，是孩子自主学习、认识自我、渴望进取的原动力。

家长的价值观、世界观及认知水平，会潜移默化地影响孩子的自我认知、情绪和行为表现。视野开阔、客观理性、积极求知、情绪稳定的家长会为孩子成长的基石里提供原材料。

家长可以根据孩子提问和求助的性质，采取与问题相匹配的应对方式。如涉及需要解决的原则性、规则性的问题，家长要简洁明了地告知孩子要求；对于探索性、思考性的问题，家长要和孩子一起查阅、学习和讨论；对于评判性、试探性的问题，家长要先倾听孩子的想法、观点和解决思路，再提出自己的建议，以便与孩子共同解决问题。

 今日小练习

1. 家长悄悄准备一个小本子，记录和整理孩子的问题，一段时间之后就能发现孩子的兴趣点。

2. 家长陪孩子去书店挑选几本科普图书，让孩子学会通过阅读查找资料，自己寻找问题的答案。

8

孩子做事不用心,到底是哪里出了问题?

家长良好的心态能够给孩子提供更多的弹性空间,创造更加舒适的环境,给孩子的成长带来更多的可能性。家长把控好方向,由孩子掌控船舵,船才能走得更顺、更远!

家长留言

孩子在家时,我每件事都跟他一一强调,包括衣橱的整理、书桌的清洁、玩具的摆放等。我上班时通过家里的摄像头观察孩子,每次都能发现孩子可以按时做每件事情,但是他对任何事情都不用心。例如,做题时,他就只读一遍题目,不圈出关键词,也不做深入思考,一写就错,错了就改,书写很不整洁。我提醒他想好了再下笔,他就会放慢速度,但是我一离开,他又恢复了原样。除非是他感兴趣的事情,才会坚持去做。那么,孩子到底是哪里出了问题?我可以怎么做?

恰到好处的爱——苏州工业园区东沙湖小学积极家庭教育周周谈

 教师回复

从这个案例中,我们能深深感受到这位家长的担心。作为家长,我们首先要学会自我觉察。回想一下,你是否经常对孩子说这样的话:"这么简单的题,你怎么都做错了?""我跟你说多少遍了,书桌上不放与学习无关的东西。""能不能想一想再下笔?""你做事情怎么总是心不在焉的?"如果你经常说这样的话,也许你正处于对孩子深深的担忧中,被焦虑所控制,这可能会影响到你们的亲子关系。

作为家长,我们可以从以下三个方面去解决问题。

第一,制作减压计划表。家长可以制作一张减压计划表,放慢自己的节奏,为自己减压。此外,家长还可以通过适当的运动、充足的睡眠、有效的冥想放松身心。当然,读一本好书,来一场旅行,看一场电影也可以放松身心。家长只有拥有良好的心态,才能为孩子营造一个更适合他们自由成长的环境。

家长的焦虑和压力也许会传递给孩子,进而在孩子的行为和心理上反映出来。有一个在师生眼中很优秀的女孩,她各方面表现都不错,学习习惯也很好。新冠疫情防控期间,她居家在线学习后,复学时迟迟不肯返校,教师对此十分诧异。经过一番了解后,教师才知道女孩对自己的语文和英语学科都很自信,唯独数学学科总考不到满分。她的母亲常常拿她和她的同桌比较:"你看,你的同桌数学考试又是满分,你的数学成绩没有他优秀啊!"而且,她的母亲还给女孩布置了很多数学难题。

第一部分 做孩子的学习搭档

家长制作减压计划表

女孩的母亲将自己对女孩数学学习成绩焦虑的情绪都传递给了她,并在她身上不断放大。女孩由此深深怀疑自己学习数学的能力,以至于害怕回到学校,也害怕自己的数学成绩落后于别人。因此,舒缓压力,家长可以从自身做起。家长可以给自己制作一张减压计划表,表中可以包括每天锻炼1小时;保证充足的睡眠;找到自己感兴趣的事情;给自己独处的时间;等等。

第二,学会欣赏孩子。每个孩子都是独一无二的,家长对孩子的欣赏,是每个孩子的自然需求。家长需要帮助孩子认识自己,树立信心。有一项针对刚入学的大学生的调查,调查的问题是"你认为高中时代你的家长对你影响最深的行为是什么?"调查结果出来后,得票率最高的答案是:"家长见到我时很开心。"这一点对他们影响深远。从这个调查中我们不难发现,每个孩子的内心都渴望得到家长的认可,这个需求看似简单,却容易被忽视。

从"家长留言"的描述中,我们可以看出,孩子每件事情都能按时完成,但只对自己感兴趣的事情能够坚持下去,说明孩子愿意尝试自己的事情自己做,这是值得家长欣赏的地方。家长对孩子的欣赏可以是一个眼神,一个拥抱,一句"你非常守时,能按时完成任务"。因此,家长不要吝啬欣赏和赞美孩子,多看看孩子的优点,接纳孩子身上的缺点,把优点试着放大,给孩子足够的勇气去克服他们身上的缺点。

第三,刻意练习。这是一种有目标、有计划、有反馈的学习方法。我们来看一组朵朵和她母亲的对话。

"朵朵,你做作业的效率非常高,只花 30 分钟就完成了作业。"
"是的,我给自己计了时,所以完成得非常快!"
"你再想想还有哪些地方可以做得更好呢?"
"我涂改了很多地方。"
"如果想要卷面更加整洁,你可以怎么做呢?"
"嗯……我可以多读题目,想好了再写。"
"圈出题目中的关键词,可以帮助你思考哟!"

在这个对话中,我们发现朵朵的母亲帮助朵朵制定了下次做作业的目标:保持卷面更加整洁。为此,朵朵的母亲引导朵朵做了两个计划:多读题目,圈出题目中的关键词。之后每次的作业,朵朵的母亲都会按照这两个计划指导朵朵认真去完成。这个例子讲的就是刻意练习。家长引导孩子客观地认识自己的优点和缺点,可以帮助孩子扬长避短,提升学习效率。每个孩子都拥有变得更加优秀的梦想,家长积极关注孩子,及时鼓励孩子,为孩子设定具有挑战性的目标,培养和发展孩子的技能,及时反馈和调整方式方法,能够给孩子更多的空间去完成自己的目标。

家长学会欣赏,孩子将会变得更加自信,更有克服困难的勇气和选择的底气。刻意练习,不仅能够帮助孩子养成坚毅的品格,还能引导孩子坚持不懈地追寻自己的梦想,直至梦想成真。

心理教师敲黑板

孩子的行为就像一个三棱镜,折射了亲子之间日常的互动模式。家长事无巨细地安排孩子的日常生活,孩子只会原地"待命",等待家长的"指令"。家长和孩子只有各自分清职责,明确任务,才能既互相配合,又互相补充,把事情做好。

家长的评价就像一个万花筒,折射出自我实现的"预言"。家长重点关注的是孩子行为中的"问题"还是"进步",会在孩子再次出现类似表现时,被家长选择性地接收和反馈。孩子对自我的评价,会在家长的反馈中不断得到强化,并呈现出两种截然不同的倾向。

家长和孩子的内心就像一个大容器,承载着各种各样的情绪。家长在陈述原则时,语调要平稳、坚定;提出规范时,表达要清晰、具体;面对孩子的进步有快慢时,要学会接纳,

恰到好处的爱——苏州工业园区东沙湖小学积极家庭教育周周谈

容许犯错。家长和孩子在沟通时,要觉察彼此的情绪,避免触发不良情绪,引发情绪失控。

今日小练习

1. 家长和孩子一起观看电影《阿甘正传》,引导孩子学会坚持,学会懂得:所有人的一生中不管遇到怎样的挫折都要充满信心,无论如何都要去追求自己的梦想,去追求一切美好而善良的东西。

2. 制作一张每日点赞卡(表1),让正面鼓励成为孩子心灵的最强补给。

表1 每日点赞卡

日期	点赞内容					
	事项1	点赞指数	事项2	点赞指数	事项3	点赞指数
		♥♥♥		♥		♥

孩子的专注力不够怎么办？

俗话说，良好的专注力是孩子学习的有力保障。可有些孩子在专注力这方面还是缺少耐心。那么，如何能让孩子专注地完成一件事，学会坚持呢？

 家长留言

我给孩子报了书法班，希望培养他的专注力，让他学会持之以恒地做事情。现实情况是：孩子一开始欢快地答应好好练习，可现在每次练习都是敷衍了事，书写的状态又回到了从前糟糕的样子。作为家长，我不知道该如何改变这样的状态。

 教师回复

我想告诉家长，这个问题在很多孩子身上都会出现，要想提升孩子的专注力并不是我们想象的那样简单，比如给孩子报一个书法班就可以马上见成效，这是不现实的。其实影响孩子专注力的因素有很多，如生理因素、心理因素、外部环境等，可以说我们生活中有许多细节都会影响对孩子专注力的培养。如果你的孩子是一个热爱生活，有兴趣、有追求、有理想的孩子，他又怎么会做事不专注呢？

那么，针对专注力不强的孩子，家长可以从以下三个方面帮助孩子提升专注力。

第一，提供整洁、有序的环境，有助于提升孩子的专注力。整洁、有序的环境会给孩子的大脑创造一种舒适感，能够帮助孩子集中注意力，专注地思考。家长可以先从教会孩子有序地整理书包，摆放书本，收拾房间，给每一本书、每一支笔、每一件玩具都找到一个固定的"家"开始，让孩子在有序摆放它们的同时建立一种思维上的秩序感，这样有助于帮助孩子提升专注力。我们班的小曹同学，虽然是一个男孩，但是平时他总会把自己的桌肚整理得很干净，每次数学练习的草稿本也总是写得整整齐齐的，正是这些细节让他养成了专心做事的好习惯，作业中的错误自然而然也减少了许多。相反，那些桌肚凌乱，在里面装满许多小玩意儿的孩子，课堂上大多不够专注。由此可见，要想提升孩子的专注力，家长就应该多关注孩子生活中的细节，鼓励孩子动手为自己创造一个整洁、有序的环境。

第二，以兴趣为先，让兴趣成为孩子最好的老师。如果孩子爱画画，那就让他尽情挥洒自己的画笔。家长可以和孩子一起讨论他的画，带他去看画展，在讨论的过程当中发展他的兴趣，训练他的观察力，那么他做事的专注力自然也会随之提升。如果孩子喜欢音乐，那就和他一起听他喜欢的音乐，耐心地陪他做一些"分辨音高""猜歌名"的小游戏。小

第一部分　做孩子的学习搭档

小曹认真整理好草稿本

乐是一个很调皮的男孩,在课堂上总是坐不住,做作业也爱走神,可是唯独喜欢搭积木,一搭就能持续几小时。为此,小乐的母亲非常苦恼,总觉得孩子搭积木是"不务正业",有时甚至会粗暴地打断孩子,让他去做作业,可是收效甚微。后来,在老师的指导下,小乐的母亲改变了策略,给孩子固定的时间去自由享受积木带给他的乐趣。渐渐地,小乐不但积木搭得越来越好,而且课堂的专注力也有所提升。

第三,在陪伴的路上,多一点耐心,多一点参与,一定会有意外收获。我记得自己的孩子上小学一年级后,我给他买了一本练字帖,让他照着练习。一段时间后,我发现孩子练得很认真,他也花了不少时间,但是到了做作业时,他写的字又打回了原形。渐渐地,我发现孩子有些灰心丧气了。

那么，怎样帮助他重拾写字的兴趣和信心呢？暑假时，我决定坐下来跟孩子一起练字。我会先陪孩子一起读字帖，并用30秒的时间观察这个字的框架结构，然后观察字的关键笔画，接着临摹字帖。我写一个字，他也写一个字，我和他比赛看谁写得更好。为了能超过我写的字，他会先拿着铅笔在字帖上一遍一遍地去描这个字的笔画走向，再一遍一遍地练习，直到他觉得自己写的字和我写的一样好时才停笔。就这样，他将每个字写了好多遍。我认为孩子每天不一定要写很多字，但是我会和他讨论所写的每个字的优点和缺点。在和孩子一起练字的过程中，我们一起观察，一起讨论，一起临摹，他就越写越顺畅，而且产生了浓厚的兴趣，练字就不再是一种负担了。在潜移默化中，他的观察能力提升了，做事的专注力自然也就相应提升了。

家长帮助孩子营造整洁、有序的环境，培养孩子的兴趣，陪伴孩子专注地做自己喜欢的事情，这些都是在帮助孩子提升他的观察力和专注力。孩子从中获得的不仅是专注力的提升，也享受到欢乐的时光。

 心理教师敲黑板

专注力的效度、有意注意的时长、重复行为的持久度，因人而异，既具有年龄阶段的特点，又会受到外部因素的影响，如家庭氛围、外界环境、社会文化等。根据孩子年龄阶段的个性特点，增强趣味性、渗透性，采用适合家庭亲子互动的模式，将家长的期待带来的压力和焦虑转化为由孩子的自主选择而产生的主动需求和成就感。

通过任务的分解，家长可以从孩子当下可付诸行动的目标开始，确保任务的可执行性和可实现程度。在逐步实现阶段性目标的过程中，家长要保持耐心，适时调整任务。

 今日小练习

1. 家长带着孩子去看一场体育竞赛，告诉他兴趣是最好的教师，世界冠军之所以能走上最高领奖台都是因为心中坚守的那份热爱与坚持。

2. 家长试着每天和孩子一起花10分钟练字，并制作一张练字打卡表，同时保存好每天的作品，定期和孩子一起总结练字的经验，相信孩子坚持下去就会有收获。

恰到好处的爱——苏州工业园区东沙湖小学积极家庭教育周周谈

10

孩子做作业拖延怎么办?

不管是一次简单的作业、一次糟糕的考试,还是一段失败的经历,都能成为家庭里一次教育对话的素材,成为孩子自觉学习的起点。

 家长留言

周末,我希望孩子先把作业做完,再进行一些文娱活动。周六早上,孩子起床制订了一天的学习计划,早上吃完饭,便玩了一会儿。到了学习时间,我就提醒他该去学习了,但是他学习时很不在状态。我就说:"如果学习不在状态,你就先休息一下,调整好状态再学习。"孩子说:"好的,妈妈。我先休息一下,过一会儿,我肯定能集中精神学习。"然后,他就去玩耍了。中午,我再次提醒他:"你早上的任务没有完成,下午你先把早上的作业补上,再完成下午的。你要记住,作业是会越积越多的!妈妈不再提醒你了,你自己安排。"一个下午,我都没提醒他做作业,他竟然把作业抛之脑后,继续玩耍去了。最后,我发现孩子在家待了两天,硬要等到周日晚上才肯做作业,而且他完成作业的质量也不高。

教师回复

我们可以一起来做一个小测验,请家长回顾一下自己平时对待孩子做作业这件事,是否会出现以下几种情况。

1. 孩子完成了作业,但家长并没有像约定的那样,留给孩子玩耍的时间。

2. 孩子完成了作业,但完成作业的质量或正确率经常被家长挑剔或嫌弃。

3. 孩子完成了作业,家长总会布置新的任务。

如果出现上述情况中的任意一种,也许这就是孩子做作业拖延的原因。

具体而言,家长可以从以下三个方面引导孩子改正做作业拖延的不良习惯。

第一,重视履行对孩子的承诺。罗切斯特大学教授塞莱斯特·基德对"棉花糖"实验①进行了优化。她将孩子分成A、B两组,一名实验人员告诉孩子:"现在你们可以先用身边这些旧的蜡笔,我会去拿一些全新的蜡笔。"几分钟后,A组的实验人员拿着全新的蜡笔回到实验室,B组的实验人员空手回来,跟孩子道歉说:"对不起,我记错了,我们没有新蜡笔了。"同样的情况又重复了一遍,这次实验人员许诺的是有新的贴纸,同样A组的实验人员拿回了新的贴纸,而B组的实验人员再一次空手而回。经过两次"热身"后,塞莱斯

---

① 棉花糖实验:20世纪60—70年代,斯坦福大学沃尔特·米歇尔博士早期在幼儿园进行的一系列有关幼儿自制力的经典实验。

恰到好处的爱——苏州工业园区东沙湖小学积极家庭教育周周谈

特·基德开始进行"棉花糖"实验，结果 A 组的孩子通过测试的比例比 B 组的孩子通过测试的比例高出了四倍。这个实验告诉我们，家长是否对孩子信守诺言，对孩子自控力的形成影响很大。因此，家长不要对孩子轻易许下诺言；而一旦许下诺言，就要做到。

很多时候，家长为了让孩子听话，最常用的招数之一就是随口许诺，如"写完作业，我们就带你去儿童乐园玩""吃好饭，我们就可以看动画片了"……当孩子乖乖听话了，家长也许太忙了，就会把这些随口许诺给忘记了，并且想当然地以为孩子年纪小，不会对他有任何影响。但是，当家长要求孩子做作业时，孩子的第一反应也许是先玩一会儿；当家长要求孩子把饭吃完时，孩子的要求也许是一边看动画片一边吃饭，不然就不吃。因为，长期以来家长开给孩子的"口头支票"都没有兑现，孩子慢慢就明白了："忍耐一会儿就能多吃一块棉花糖，那是骗人的。我不如先吃下这块棉花糖，这样会更加稳妥。"

第二，让孩子学会承担做作业拖延的后果。例如，小李做作业总是拖拖拉拉的，小李的母亲每次提醒她，她都充耳不闻，做起作业来也是不情不愿的。小李父母和小李约定做作业只能做到晚上 9 点半，不能影响她的睡眠。小李的作业没有做完，第二天，小李的母亲会给教师发一条短信，内容是孩子的作业没有完成，希望教师能和小李谈一谈。反复几次后，小李知道了不完成作业，会受到教师的关注，也逐渐意识到自己需要加快做作业的速度。这时候，小李的母亲才站出来对小李说："你看，你做作业拖延给你带来了许多不便，你觉得我们应该怎样改善呢？"就这样，小李的母亲和小李之间达成了合作,找到了一系列提升做作业效率的方法,并不断尝试加快做作业的速度。

小李做作业很拖拉

第三,分解目标,将目标可视化。家长也许应该考虑到孩子做作业拖延可能是任务量比较大,或是作业难度比较高。如果是这样,家长可以帮助孩子对目标进行分解。例如,家长可以引导孩子在每周五的晚上完成语文作业,每周六的上午完成数学作业。只要孩子完成语文作业和数学作业就可以享受愉快的周末时光了,而他只用在每周日的晚上再完成英语作业或其他作业。通过将周末作业分解成三个小目标,孩子完成任务的难度降低了,完成起来就更有动力了。

家长重视对孩子的承诺,为孩子营造一个信守诺言的环境,孩子也会养成良好的自控力。家长帮助孩子将一个大目标分解成多个可接受、可操作、可达成的小目标,会让孩子更有成就感,从而改善做作业拖延的状况。

恰到好处的爱——苏州工业园区东沙湖小学积极家庭教育周周谈

心理教师敲黑板

家长先要思考如何界定拖延的边界。是家长视角下制定的标准,还是孩子视角下被动执行的标准?是家长视角下不断被突破的框架,还是孩子视角下未被明确的约定?拖延可能是孩子自我意识、自我主张的表达方式,比如家长要求完成的任务和规定的时间不符合孩子内心的设定和预期,孩子就有可能出现拖延的情况。面对处于"权威"地位的父母,孩子不能直接表达,只能通过其他方式去表达,这可能透露出当下任务的挑战较大,如作业的难度高、时间的紧迫;也可能透露出主体受到个体之外的因素干扰,如受父母情绪的干扰、被安排额外的任务、同一时间里被其他事情所吸引等。

家长可以针对孩子拖延行为背后的信息,将它归类,放入不同的靶盘,根据它距离靶心的远近,有重点、有选择、有顺序、有分工地逐一解决各个问题。家长也可以根据孩子的实际情况,按照不同的要求,解决不同难度的问题。

今日小练习

1. 家长和孩子一起观看电影《我们这一班》,让孩子明白一个道理:团体中必须遵守规定,学习如何在自律中挥洒创意,是人生中重要的成长课题。

2. 家长帮助孩子制定一个大目标,将其分解成几个具体的、可执行的小目标,并记录下来吧!

第一部分 做孩子的学习搭档

没有时间辅导孩子学习怎么办?

中医认为,"上工治未病,不治已病"。最好的家庭教育是预防孩子出现问题,而不是等到孩子出现问题再来"治"。中医"治未病"的主要策略就是养生,家庭教育"治未病"的主要策略则是帮助孩子养成良好的习惯。

家长留言

自从孩子参加延时班后,放学的时间变晚了,我觉得在家陪孩子学习的时间也变少了。我没有充足的时间辅导孩子的晚间学习,也无法做到实时掌握与观察其学习的进度和成效。

教师回复

家长要调整自己的心态,相信孩子自己成长的力量。学习是孩子自己的事情,孩子有自己的成长规律,家长没有必要每天实时掌控与观察孩子的学习进度和成效。有时候,正是家长的过度担忧,让孩子养成了惰性;一旦失去了家长的监管,孩子就不能好好学习,这又引发了家长更多的担心和焦虑,从而形成了家庭教育的恶性循环,这不是良好家庭教育的生态。当然,我们要相信孩子,不等于不管孩子。家长自始至终要担负起教育孩子的责任和义务,只是家长要智慧地教育孩子。中医"治未病"思想,对指导家庭教育很有帮助。

具体而言,家长可以从以下三个方面入手,科学地教育孩子。

第一,帮助孩子养成自主预习的好习惯。"凡事预则立,不预则废。"孩子学习就像合伙做生意,是需要投资的。孩子只有充分的准备——预习,才有参与学习过程的"资本",才能获得更多的知识,学习才不容易出问题。要知道,教师上课需要精心备课,孩子上课则要认真预习。所以,培养孩子预习的习惯,是"治未病"的首要前提。一方面,孩子可以利用周末的时间完成预习任务,家长也有足够的时间指导到位,预习的主要目的就是让孩子预习接下来学习的内容,家长可以引导孩子用表格或者示意图的形式整理出内容概要,让孩子知道接下来学习的内容;另一方面,家长可以指导孩子每天进行课前预习,即孩子完成作业后固定安排一段时间预习第二天要学习的内容,同时可以进行自我提问,如:第二天主要学习什么内容呢?之前学过的哪些内容和第二天学习和内容相关呢?这节课最难的部分在哪里呢?孩子预习每门课的时间不要太长,10分钟左右便好。

第二,帮助孩子养成自主复习的良好习惯。德国心理学家赫尔曼·艾宾浩斯的遗忘曲线告诉我们,一边学一边忘是大脑的特点,而且人遗忘的速度也不一样,呈现出先快后慢的趋势。孩子刚刚学习知识,如果一天后不抓紧复习,记忆就只剩下原来的25%。因此,及时复习是克服知识遗忘的最好策略。因此,家长可以建议孩子每节课下课时,将笔记中本节课学习的重点简单回顾一遍;每天睡觉前,家长也可以和孩子一起花几分钟的时间把每门功课的内容在头脑中回放一遍。周末是孩子复习本周学习内容的重要时机,家长也有充分的时间辅导孩子。家长可以和孩子一起把本周学习的内容一边复习一边将重点内容整理成笔记,加强知识的前后联系。

大脑的特点

第三,教孩子学会求助。孩子在学习的过程中,困难总会出现,关键是遇到困难如何应对。家长可以引导孩子,在学习的过程中,如果遇到问题,及时向教师、向伙伴、向父母求助。一旦问题及时得到了解决,孩子的学习成绩自然就会越来越好。

孩子做好课前预习,带着疑问进课堂,学习效率就会大大提升。孩子一旦养成了良好的自主学习的习惯,即便没有家长每天实时监管,也能很好地完成日常学习任务。

心理教师敲黑板

首先，在家庭中要建立亲子同盟关系。家长应当将没有充足时间辅导孩子的焦虑转化为对孩子的信任。同时，家长应当邀请孩子积极参与讨论，帮助孩子树立主动学习的意识。

其次，家长要完善家校的合作关系。家长要与教师保持密切的联系，知晓学校的安排与要求，反馈自己的诉求与困惑。在学校和家庭的共同帮助下，保障孩子的学习成效。

最后，家长和孩子要有各自的生活空间。在关注孩子学习、生活的同时，家长也要有自己的工作、学习和生活的节奏。只有先安顿好自我，才有助于保持家长的心境稳定、亲子的关系和谐。这样家长也能给孩子做出积极的示范，潜移默化地给予孩子正向的影响。

 今日小练习

1. 家长阅读图书《正念养育：提升孩子专注力和情绪控制力的训练法》，以便引导孩子提升专注力和情绪控制力。

2. 家长试着和孩子一起花10分钟预习第二天要学习的内容，帮助孩子厘清自己在第二天的学习中想要解决的问题。

孩子在学习上时间不够用怎么办?

对于孩子来说,睡眠、玩耍和学习同样重要。家长给孩子时间休息,也就是留给孩子的大脑休整的时间。在这段时间里,孩子的想象力能够被充分激活,生成具有创造力的自我。

家长留言

孩子的课后时间总是被安排得满满的,他从周一到周六必须上各种各样的网课,周末还得上击剑课或者其他兴趣班。平时,在没有网课的情况下,孩子处理完学校的各项任务只剩下1小时学习时间了,就连语文教师布置的每天半小时阅读任务也很难做到。孩子感觉自己对学习没有掌控力,只能把课堂上的内容消化一下,对此他非常苦恼。那么,作为家长,我该如何帮助孩子呢?

教师回复

如今的社会,各种各样的学习资源越来越多,家长对孩子的培养方向也有很多,对孩子的教育问题也越来越重视,由以前的"散养"变成了"精养",所以"家长留言"中的这位家长的烦恼相信很多家庭都有。家长希望自己的孩子不仅能学习成绩名列前茅,最好还能多才多艺,全面发展。这对于孩子来说的确面临着很大的挑战,不仅考验孩子的学习接受能力和时间管理能力,还考验家长的信息甄选和整体规划能力。

因此,家长可以从以下两个方面来引导孩子合理规划学习时间。

第一,科学规划时间,高效执行。家长可以先和孩子一起设计一张时间规划表,这是一件很有意思的事情。从不同的时间规划表中可以看出不同家庭的教育理念和教育思路。时间是一个恒量,一天24小时,对于每个人来说都是一样的,那怎样在有限的时间内提高学习的效率呢?那就是做好时间管理。这张私人订制的时间规划表要符合孩子的性格、兴趣、习惯和学习水平。因为一张合理的时间规划表,可以帮助孩子提升学习效率和学习能力。以我们家的孩子为例。在他的时间规划表中,他每天要参加校内2小时的篮球训练,每天必须有40分钟的阅读时间,而且我们约定晚上9点之前必须上床睡觉。我告诉他,这样算下来,他每天会比其他的孩子少了近3小时的学习时间,所以他必须学会利用白天零碎的时间来完成学校的作业,同时还要提高听课效率。如:

教师在讲新课的生字时,他要一边听一边记,记住生字的写法;读课文的时候,他也要做到口到、眼到、心到。这样他就可以把回家默写字词和英语单词的时间节省下来了。

第二,有舍才会有得。家长为孩子制定的时间规划不应该是固定不变的,而应该是动态的,并根据孩子的情况做好调整。在"家长留言"中的这个孩子应该是一个比较忙碌的孩子,家长给孩子安排了各种各样的网课、兴趣班,他每天的时间都被安排得满满的,如果他想要挤出阅读的时间几乎是不可能的。所以,我和大家分享我的一位同事的做法:她为孩子报了不少的兴趣班,而且每学期末会做一件事,那就是让她的女儿给这些兴趣班打分,并让她的女儿说出打分的理由及上课时获得的感受。在这个过程中,她发现女儿最感兴趣的是绘画、爬山、弹钢琴,于是她就把与这些兴趣相关的课程保留下来,让女儿坚持学习,而舍去评分最低的两门课程。之后,她把节省下来的时间让孩子阅读和做自己喜欢的事情。

家长学会科学规划和安排有限的时间,能够帮助孩子养成良好的学习习惯。尊重孩子的兴趣,不把自己的想法强加于孩子,孩子可以自主选择兴趣班,就会变得更加自信。

 心理教师敲黑板

用兴趣班占据孩子的时间,折射出家长的焦虑及对孩子未来不确定性的担心、害怕。孩子的成长,不仅需要掌握阅读、弹琴、绘画等具体技能,还要了解每项技能所蕴含的独

恰到好处的爱——苏州工业园区东沙湖小学积极家庭教育周周谈

特魅力。阅读以养性,弹琴以悦耳,绘画以悦心,每个维度都可以通过无形的浸润,达到有形的成长。家长让孩子对兴趣班打分的做法可以借鉴,这样孩子也拥有自主选择的空间。小树苗在试管里受约束地生长,即使长得直,也没有力量;在土地上自由地生长,则会拥有更大的发展空间。

 今日小练习

1. 家长和孩子做一次深入的交流,并请他为目前的兴趣班打分,了解他最感兴趣的课程,舍去他觉得提不起兴致的课程。

2. 家长和孩子一起画一张既合理又有趣的时间规划表,贴在家中醒目的位置,引导孩子踏实走好每一步,最大限度地提升做事效率。

第一部分 做孩子的学习搭档

13

孩子学习能力比较弱，家长该怎么办？

成绩优异并不意味着孩子获得了成长的最佳效果。养育一个成绩优异的孩子并不是教育唯一的目的，善良、快乐、健康这些品质远比成绩优异来得更可贵。

家长留言

孩子上小学三年级了，十分乖巧听话，但是学习成绩一直不太理想。孩子的读题能力、理解能力比较弱，经常前面说过的话转头就忘了。后来，我带他去医院检查，发现他的智力并没有问题。进入小学三年级以后，孩子在学习上感觉十分吃力，每天晚上都是10点以后才能做完作业。孩子只能将周末的时间全部用来学习，完全没时间去玩。现在他的近视程度已经从50度涨到200度了，他只能偶尔出去跑步和打羽毛球。孩子知道自己还应当多努力，并且有强烈的意愿变得更优秀，但因为自己下了苦功夫而没有效果，常常会感到非常受挫。如今，我们整个家庭都很焦虑，我们该怎么帮助孩子呢？

教师回复

在这个孩子的身上,我看到很多非常宝贵的品质,比如很勤奋、肯吃苦、能坚持、不放弃,我觉得这些品质远比在一次考试里拿满分更优秀,也比完整默写出全部生字来得更珍贵。在家长的身上,我也看到了他们的细心、耐心和对孩子的关心,以及无条件地理解和接纳孩子的体贴。我觉得这样的家长也非常优秀。如果说,家长想要做得更好一点儿的话,具体可以从以下两个方面入手。

第一,接受孩子在学业上暂时的落后,愿意陪伴他慢慢长大。每个孩子的成长道路是不一样的,并不是所有的孩子在刚刚开始学习的时候就能表现得那么优秀。2020年,我担任一年级的班主任,班上有个小女孩在学习上的反应明显比其他孩子慢一些,就连记生字对她来说都很困难,所以在默写、做练习时,她总是错漏百出。但是,我发现她纵然落后,仍十分努力。这个小女孩在按照自己的节奏努力着,一点一点地进步,一点一点地缩短跟其他孩子的差距。学习是一场长跑,我相信每个孩子都有无限的可能,也许将来有一天我们会发现,迟开的花儿才是最美丽绚烂的。

前段时间,我的孩子在读巴顿将军的故事,他告诉我,巴顿将军从小就有阅读障碍。在西点军校时,巴顿将军在列队训练上遥遥领先,但是他的数学和外语成绩则不尽如人意,这两门科目对他来说异常困难。巴顿的父母并未埋怨他,而是不停写信鼓励他。巴顿有着克服一切困难的决心,他的成绩也在之后的努力中一点一点上升,最后竟全部合格。也许并不是孩子成长得太慢，而是家长太着急了，教育步子迈得太大了。实际上，家长可以慢下来，尽自己最大的努力放慢速度，倾听孩子的声音，陪伴他慢慢长大。

第二，试着接受最坏的结果。 孩子的各科成绩也许都不够优秀，家长可以帮助孩子寻找他其他擅长的事情。因为不是所有的孩子对学业都很擅长。我遇到过一个男孩，他是小学三年级时转来我们班的，那时他的基础非常薄弱，默写词语经常错一大半，而且他一遇到问题，眼泪就哗哗直流。经过很长时间的观察，我发现这个男孩在体育上非常有天赋，特别是短跑项目，我把这个发现告诉了他的父亲。他的父亲非常高兴，每周都会带孩子练习跑步。后来每次运动会，他总能拿到全校短跑第一名，一次又一次地刷新学校的短跑纪录。渐渐地，这个男孩发现自己特别喜欢踢足球，就带领全班的男生一起踢足球。尽管他在学习成绩上没有太大起色，但是他很自信，总是充满活力。在小学六年级的校园足球联赛中，这个男孩带领班级的足球队获得了冠军，并且代表学校参加了区级比赛。这样的孩子也很优秀，毕竟学习成绩并不是评价孩子的唯一标准。也许家长该给孩子减少一些不必要的、机械重复的作业，与其让孩子深陷恶性循环中无法自拔，不如留些空间鼓励孩子去做他喜欢做的事情。

俗话说，"厚积而薄发"。有些孩子可能需要拥有比别人更多的时间来发展自身的能力。家长可以从孩子的兴趣爱好入手，帮助孩子从擅长的事情做起，一点一点地让他在喜欢的、擅长的事情里找到成就感、价值感。

恰到好处的爱——苏州工业园区东沙湖小学积极家庭教育周周谈

心理教师敲黑板

广义的学习不仅仅包括学科知识，还包括各方面的能力，如待人接物的能力、社会交往的能力、观察自然的能力、照顾动植物的能力等，这些可以在未来成为人类生活和工作必备的能力。美国教育学家、心理学家霍德华·加德纳提出的多元智能结构理论认为，人类拥有语言智能、数学逻辑智能、音乐智能、空间智能、人际智能、自我认知智能、身体运动智能和自然认知智能八种智能。而我们的学科学习其实仅仅测试了其中几种智能。家长对孩子未来的担心不无道理，但未来的世界所需要的职业可能性常常超出家长能够想象的边界。请相信在 21 世纪，孩子对未来敏锐的嗅觉一定会超出家长的想象。当家长相信在未来孩子一定拥有自己的生存之道的时候，家长就在向他们展示自己对他们的信心。这种积极的态度，也许比忧虑更能带给他们力量。

今日小练习

1. 家长和孩子一起观看电影《地球上的星星》。自己的孩子也许和别人的不一样，他们的美丽是需要机会才能绽放出来的，他们值得被温柔以待！

2. 家长鼓励孩子多尝试学习学科以外的知识，找到孩子真正感兴趣的事情，并引导孩子坚持下去。

14 孩子对运动不感兴趣怎么办？

当运动充满了乐趣，充满了美好的回忆，并成为家庭生活的一种习惯时，也许孩子能够养成终身运动的好习惯，从而受益一生。

家长留言

女孩在小学六年级时正处于成长发育的高峰期。而我的女儿每天的运动就是放学步行回家，她的饭量也不大，周末她在家就是画画或做作业。作为家长，我很担心孩子的成长发育会落后于其他同龄的孩子。那么，究竟有什么方法能让孩子对运动感兴趣，并能起到锻炼身体的效果呢？

教师回复

其实在我们的生活中，不爱运动的孩子偏多，尤其是一些内向文静的女孩，就像"家长留言"中的女孩一样喜欢画画，偏爱安安静静地做事情。这也不是坏事，只是每个人的兴趣爱好不同而已，所以家长不必如此焦虑。但是运动对于孩子来说十分重要。那么，孩子在12岁以前应该培养哪些好习惯呢？如果只能选两个的话，我会毫不犹豫地选择阅读和运动。运动是帮助孩子塑造团队协作能力、磨炼意志力的重要途径之一。很多家长对孩子的运动十分重视，我们应当怎样去调动孩子运动的积极性，让他尽可能地动起来呢？

第一，营造氛围。家长可以为孩子选购一套他喜欢的运动服，坚持和他一起做他能接受的运动项目，因为家长的言传身教十分重要。运动是需要氛围的，即便对于喜爱运动的孩子来说，如果让他单独去跳绳、跑步，他一样也会感到枯燥。比方说有些母亲喜欢做瑜伽、跳有氧操，如果她一个人在家练习，一定不如在健身房听着教练的口号，与其他人一起练习的效果好。这个时候，家长如果能和孩子一起运动，就能给孩子营造很棒的运动氛围；相反，家长如果坐着不动，孩子自然也不会乐意运动了。记得我家的孩子在上小学一年级的时候想学跳双飞①，可是尝试了很多次总是失败，他就生气地把短绳扔到一边了。这个时候，他的父亲说要向他挑战，比比看谁跳得多。这时孩子又来了兴致，每天晚饭前的时间就成了父子俩的比赛时间。孩子为了不输给父亲，自然会勤加练习；父亲有时也会故意输给孩子，让他获得成就感。在不到半个月的时间里，孩子竟然一口气能跳50个，他没想到自己会有这么大的进步。当然营造运动的氛围还有许多其他的方法，家长可以和孩子一起观看体育类的节目，了解不

---

① 跳双飞：一种稍有难度的跳短绳技术动作。

同运动项目的规则和特点,并和孩子聊一聊那些令人钦佩的运动员,或者去现场看一场激动人心的比赛。

第二,坚持运动形式多样化。 孩子不爱运动怎么办?激发兴趣是关键,所以运动的形式也应该是多种多样的,并不一定局限于跑步、跳绳等运动。例如,女孩不喜欢跑步,家长就可以带着她一起练习瑜伽,一样有锻炼的效果。周末,家长可以带着孩子去爬山、露营、放风筝等,这样的户外运动十分有趣,同样也有较好的锻炼效果。如果孩子不乐意参加户外运动,可以让孩子邀约自己的朋友,相信孩子就不会拒绝了。我的班上就有一个非常文静的女孩小嘉,她从小身体就比较瘦弱,性格十分内向,她的母亲希望她能够多参加户外运动,于是就给她报名加入了一个周末爬山野营的团队。起初,小嘉并不乐意,后来她在户外活动中结识了一位很投缘的姐姐,而且两个人有聊不完的话题,于是她们就相约每个周末一起去爬山。就这样,小嘉坚持参加爬山运动,甚至慢慢爱上了这项运动。

家长带着女儿练习瑜伽

第三,制造乐趣。家长可以从孩子感兴趣的事情中巧妙融入运动的元素,让孩子感受运动的乐趣。如:孩子喜欢画画,家长可以带着孩子骑行去野外写生;孩子喜欢看书,家长可以带着孩子步行去附近图书馆看书;孩子乐于做家务,家长可以让孩子拖地……如此一来,孩子就能在生活中得到适当的锻炼。此外,家长也可以根据孩子不同的年龄特点,安排适量的运动,遵守循序渐进的原则,制订合理的锻炼计划,鼓励孩子参加比赛,并形成良性循环,从而培养孩子终身运动的意识。

孩子在家长的带动下能感受到运动的快乐,也能亲身感受到竞技体育的魅力。这样孩子不仅得到了锻炼,还拥有了许多额外的收获:亲近自然、增添生活乐趣、增进亲子关系、收获友谊等。

 心理教师敲黑板

首先,家长要明确运动是谁的需求,了解孩子是运动的主体,家长要根据孩子的年龄因素、个性表现、身体特点,始终围绕孩子的内在需求,设计和安排运动项目、强度,并负责提出建议、提供机会、营造氛围。

其次,家长要意识到孩子在运动中的感受最关键。家长可以提供运动的多种形式,以便增加运动的趣味性;也可以突出孩子的主动权、选择权,将具体实施的决定权交给孩子,自己则作为参与者、观察者、鼓励者。在运动前,家长帮助孩子营造轻松愉悦的情绪氛围;在运动中,家长坚持陪伴孩子参与活动；在运动后，家庭成员及时分享感受，特别是积极正向的感受，这样可以强化孩子对运动的美好体验，能够让运动成为孩子生活的一部分。

 今日小·练习

1. 家长与孩子分享一本优质绘本《运动，真美妙！》。这本绘本用各种生动活泼的卡通形象，配合风趣幽默又兼具科普价值的文字，向读者诠释了近50种运动的特点，让孩子在欢笑中爱上体育运动。

2. 家长和孩子一起多观看体育类的节目，如中国男子篮球职业联赛、世界乒乓球锦标赛等，聊一聊杰出的运动员，看一场现场的比赛，感受一下竞技体育的魅力。

15

孩子对绘画很感兴趣,家长如何帮助他发展自己的兴趣?

每个孩子的画作都是最棒的自我表达,是孩子以自己的方式进行自我疗愈的积极行为,是家长了解孩子的有效媒介。

 家长留言

孩子读小学二年级,特别喜欢画画,可是我和他的父亲对画画一窍不通。每次他拿着自己的绘画作品来问我们画得怎么样时,我和孩子的父亲除了说画得很棒,也说不出个所以然来。那么,我们该怎样帮助孩子发展他的爱好呢?

 教师回复

每次在教室里看着孩子安静地画画的时候,我都不忍心去打扰他们。有一个读小学一年级的女孩,她的作品有着她独特的风格。她从来不用彩笔,只用一支铅笔作画。记得有一节美术课,教师展示了一幅农民绘《花狮子》画,整幅画的色彩是那么艳丽、生动、喜庆,但这也没有打动她,她仍旧是手握一支铅笔,安静地作画。她的作品让我印象深刻,画面中的狮子特征很明显:张着大嘴巴,露着大尖牙,占满了整张画纸,且线条生动,画面富有张力。她告诉我,她家里的气氛就是这样,父母总是因为一点小事情就张着大嘴巴争吵,还有那炸开的狮子鬃毛就像自己看到的他们的样子。我想每一位家长听到孩子这样的表达都会为之动容,不会再去想她画得好不好,画得像不像,而是这件作品中有着真切的情感表达。这是一件伟大的作品,尽管她只是一个孩子,尽管她的作品只是由铅笔快速勾勒出来的线条组成的。

女孩画的农民绘《花狮子》画

那么,作为家长,我们可以从以下四个方面发展孩子的绘画兴趣。

第一,关注孩子作品里的美术语言,不要用画得像与不像来衡量孩子的作品。当孩子画出一个歪斜的圆圈,并告诉你这是房子时,切忌反驳孩子:"哪有房子长这样的?"因为一句无心的话语,就是在暗示孩子的画应该画得像才是好的作品。而画得像对于孩子来说是一件多么困难的事情,在这样的氛围里,孩子只好放弃用自己灵动的美术语言去观察世界、表达自己。因为对于孩子来说,画画是一种表达方式,是一种学习方式,也是一种与世界建立连接的方式。所以,家长应当多鼓励孩子画画,少评价孩子的作品。

第二,适当启发孩子的思维,提出一些开放式的问题。如:"你能告诉我画面中的小秘密吗?""你是怎样选择这些颜色的呢?"而不是以自己的标准评判一幅画。

第三,学会倾听孩子的心声。当孩子向你讲述自己作品的时候,请务必停下手中的工作仔细倾听,你会发现孩子的世界真的很棒,至少你可以看懂他想要表达的是什么。

第四,适当鼓励孩子画画,这样可以激发孩子的兴趣和热情。但是家长不要一味地夸奖,这会让孩子感觉到画画有压力,从而产生糊弄的心理。家长可以夸奖孩子作品的特别之处,如色彩的运用、笔触的表达、内容的丰富等。同时,家长也可以给孩子提出一些合适的建议。

家长可以做孩子作品最忠实的观赏者,听孩子讲述自己作品背后的小秘密,这样能够让孩子对自己的作品有更丰富的认识,更有兴趣画画。

心理教师敲黑板

画画背后投射出孩子的情绪、情感,孩子通过画笔创作,再现了他对生活的理解,这是孩子真实的内在世界的直观化、象征化的表达。家长可以关注孩子画画时的情绪状态,孩子是轻松愉快的、专注安静的,还是烦躁不安的、吵闹慌乱的;可以关注孩子画画的环境氛围,孩子是喜欢在学校画,还是喜欢在家里画;可以关注孩子画画的内容,孩子是喜欢创作不同风格的作品,还是偏好某一类风格的作品;也可以关注孩子画画的人际互动,孩子是喜欢单独作画,还是喜欢让他人参与、在旁边陪伴。根据孩子对家长的不同需求,家长可以做出恰当的反馈和回应。

家长重点关注孩子画画时的感受,多倾听孩子自己对作品的理解。与孩子谈论作品时,家长要保持好奇和兴趣,多肯定、多赞赏,避免随意做出否定反馈和负面评价,特别是切忌用"是否有用""是否画得像""是否浪费时间""是否有进步"等标准来评判孩子的作品。

今日小练习

1. 家长阅读图书《如何看懂宝贝的画》《理解孩子的画》《每个孩子都是艺术家》。家长可以了解孩子在不同年龄阶段的绘画特点,再对其给予帮助和指导。

2. 家长选择孩子最喜欢的一幅作品,让孩子自己介绍一下吧!

第二部分

做孩子的社交导师

1

孩子比较内向，不愿意结识陌生的小伙伴怎么办？

在人际交往中，自信、大胆、热情的孩子总是特别受欢迎，不仅能够迅速交到朋友，就连教师、长辈也都很喜欢他们。可是如果孩子的性格非常内向，只喜欢跟固定的小伙伴玩耍，而不愿意结交新朋友，家长应该怎么做呢？

家长留言

孩子比较内向，面对陌生的小伙伴时，表现得比较局促不安，不敢主动与其交谈，只喜欢和固定的小伙伴一起玩耍。作为家长，我们应当如何改变这样的状况，让他自信地结识陌生的小伙伴呢？

教师回复

从家长的描述中，我们能够听到他们担心内向的孩子会在人际交往中形成自卑的性格。我们先一起来认识一下内向这种性格特质。内向的孩子往往属于黏液质的气质类型，这种气质类型多表现出安静、稳重的特点。这种气质类型的孩子在交友上，需要通过时间的累积、内心的评估，才能逐渐对对方产生好感，卸下防备，慢慢表现出热情的一面。所以，家长不必过于担心，内向的孩子往往比快速社交的孩子更能够跟小伙伴建立深厚的感情。

那么，面对内向的孩子，家长可以怎么做呢？

家长可以了解内向的孩子的性格特点，学会接纳他们的气质类型，顺其自然，给他们足够的时间和空间，让他们慢慢结交新朋友。在我所带的班级里，有一个孩子叫小嘉，他在学校里不管是学习还是交友都表现得比较安静。通过几次家访，我发现小嘉有一个外向热情的母亲和一个内向安静的父亲。小嘉的母亲跟我说，她为小嘉内向的性格感到有些焦虑，担心他在学校里会交不到朋友。经过一段时间的观察，我发现小嘉是一个很优秀的孩子。虽然小嘉在课堂上比较安静，不爱发言，但是在课后总是喜欢认真思考和研究数学题，默默地做好每一次作业。在班级中，小嘉的朋友不是特别多，但是他也有好几个相处非常融洽的朋友。课后，他们会在一起踢球，交流最近看的书、听的歌。在集体活动中，小嘉虽然不像其他孩子一样特别积极踊跃，但是他也懂得默默地为集体做贡献，特别是在运动会上，他总是主动地给运动员做后勤工作，如拿水杯、抱衣服等。

小嘉的性格属于我们所说的内向的性格，但这也正是他与众不同的一面。所以，我们建议小嘉的母亲接纳孩子的不同，顺其自然，给他足够的时间和空间，让他自由地成长。因为外向的孩子也许更能感知外界的变化，但内向的孩子可能更关注自己内心的感受，更关注自己所擅长的领域。小嘉

小嘉在运动会上为运动员做后勤工作

虽然在社交上不是十分擅长,但是在数学问题上的思考显得非常深入,他的数学成绩也在班级中名列前茅。小嘉跟周围的同学相处久了,也会跟几个熟悉的小伙伴一起玩耍,内向的性格并没有影响到他的学习和交往。

内向的孩子通过独处来获得能量,这样能够更加扎实地去学习和成长,丰盈自己的内心,获得更高的成就感。家长的接纳也能够让孩子变得更自信。

 心理教师敲黑板

孩子喜欢和固定的小伙伴交往,是在逐步建立安全感。

家长应当允许孩子在安全区域内探索，孩子才能够慢慢走出舒适区，进入探索区。如果家长过早或者刻意推动孩子去按照长辈的意愿与其他人交往，只会让孩子体验到进入恐慌区的焦虑和担心，无法让孩子安心学习。家长的责任是帮助孩子调整自己。当孩子停留在舒适区时，家长可以推动和带领孩子前行；当孩子进入恐慌区时，家长可以适时接纳和安抚孩子的情绪。

今日小练习

1. 家长阅读图书《接纳孩子》，了解尊重、接纳、信任是给予孩子最好的教养。

2. 家长记录下孩子在与小伙伴交往时每一个优点，如谦让、热情、诚实等，并定时向孩子反馈！

2

孩子喜欢独来独往，不愿意与同学来往怎么办？

每个人都是一盏灯，一盏灯不会影响到另一盏灯的光辉，真正影响光辉的是灯里的油。家长与其关注孩子是否有好人缘，不如帮助孩子提升自我，让孩子闪闪发光。

家长留言

孩子上小学四年级了，在学校里很讨班主任喜欢，常常被班主任表扬。在成绩方面，孩子从不让我们操心。但是，孩子在班里喜欢独来独往，性格稍微有点孤僻，人缘也一般，不愿意积极主动地与同学来往。那么，我该怎么做才能让他更好地融入班级这个大家庭呢？

教师回复

融洽的同伴关系会促进孩子的健康成长。当然，也有一些孩子虽然在学校里独来独往，没有特别要好的朋友，也不太热衷于集体活动,但依然非常乐观开朗。如果孩子自我感觉良好,那么即使他没有好人缘,也不必过于担心。

第一,家长与其执着于帮助孩子提升交际能力,不如关注如何引导孩子塑造诸如诚实、善良、乐于助人等良好品质。 几年前,我曾在小学五年级的班级里做过这样一次小调查,并设置了相应的几个问题,如:"你最喜欢跟什么样的同学成为朋友呢?""你愿意跟他成为朋友的理由是什么?"我让孩子把答案写在纸条上。经过统计后,我发现在孩子心目中愿意结交朋友的理由很多,排名第一的是学习成绩好,第二是诚实善良,第三是乐于助人,第四是懂得分享与倾听……孩子表示当某个同学具备了上述这些特点时,他们更愿意和他成为朋友。

在我所教的班级中,每次班委选举会上,小李的票数总是遥遥领先,尽管他的学习成绩并不是名列前茅,但是在班级生活中,大家总是被这个孩子的朴素、热情打动。例如,看到怀孕的教师抱着作业本,小李总会主动迎上前去,帮怀孕的教师接过手上的作业本。又如,放学后,小李也会主动留下来帮助值日生一起把班级的卫生工作做好,再离开教室。再如,看到其他孩子有题目不会做,小李会热心地为其讲解。小李的热心和真诚总能打动周围的人,所以大家都愿意和他相处。家长帮助孩子提升自我,养成良好的品格,自然会赢得大家的尊重,收获真挚的友谊。

第二,家长可以在家庭中进行换位思考练习,以便培养孩子的同理心。 当谈到自己不喜欢跟怎样的同学做朋友时,孩子表示不喜欢自私的、以自我为中心的同学。家长在生活中可以多引导孩子学会换位思考,学会理解和体谅他人。例

小李主动与值日生一起打扫卫生

如，家长可以问孩子："当你摔倒时，你希望别人怎么帮助你？在班里和同学交往时，如果同学非常没有礼貌，此时你又会有怎样的感受？"由此，孩子就会理解任何时候都要考虑别人的处境。同理心是人与人交流的第一步，也是建立人际关系非常重要的环节之一。

当家长在为孩子塑造良好品质而努力的时候，孩子的好人缘就会慢慢显现。因此，家长可以引导孩子学会换位思考，培养孩子的同理心；同时可以引导孩子正确了解他人的感受和情绪，进而做到与他人相互理解，做到在情感上与他人相处融洽。

恰到好处的爱——苏州工业园区东沙湖小学积极家庭教育周周谈

心理教师敲黑板

交往是每个人的正常需要，有些孩子显得不那么爱交往，原因往往是多方面的。美国心理学家赫尔曼·威特金曾经将个体的认知风格分为场依存型人格和场独立型人格。有的人以外部为参照系，会在跟别人的交流和对比中做出自己的判断和决定，找到自己的存在感；而另一些人则较多依赖自己内部的参照系，不易受外来因素的影响和干扰，习惯独立对事物做出判断。如果孩子属于后者，即拥有一个宝贵的场独立型人格，家长不用过度担心；如果孩子明明渴望交往和群体生活，却苦于缺乏社交技巧和能力，那么家长可以通过带着孩子参加社会活动，同时向孩子示范如何在人际交往中主动表示愿意交往、学会求助、表达感谢和意识到自己的问题并诚挚道歉等，让孩子看到人与人的交往是如何发生的。

今日小练习

1. 家长在生活中问问孩子："如果你是……会怎么想？又会怎么做呢？"家长引导孩子学会换位思考，培养孩子的同理心。

2. 家长阅读图书《全脑教养法》，这本书可以帮助家长正确处理孩子在成长过程中遇到的问题。

3 当孩子与同学发生矛盾时，家长要不要管？

当孩子与同学发生矛盾时，家长往往担心自己的孩子是"受气包"，一旦自己的孩子表现得软弱，其他孩子就会变得得寸进尺。这让家长感到有些不知所措，既觉得不方便干预孩子的生活，又害怕孩子再受委屈。

 家长留言

> 孩子今年刚上小学一年级，性格大大咧咧的，之前回家总抱怨说："我有一个不喜欢的同学，她总是跟我作对，今天她还抢了我的彩笔！"我听后觉得这就是孩子之间发生的矛盾，没过多干涉。这几天，班主任打电话给我说，孩子又跟那个同学闹矛盾了，两个人成天为一些鸡毛蒜皮的小事，跑到她这里打小报告。我觉得这样下去可能会影响孩子的学习，但是我也不想过多干涉孩子和同学之间的矛盾，应该由她自己来处理。那么，当孩子与同学发生矛盾时，我要不要管呢？

恰到好处的爱——苏州工业园区东沙湖小学积极家庭教育周周谈

教师回复

"家长留言"中的案例,让我回忆起自己曾经接触过的两个男孩——小华和斌斌。有一次,小华和斌斌两人在学校里发生了一些口角。回家后,小华把这件事情告诉了父亲。小华的父亲觉得儿子受了委屈,立马在家长的微信群里发了一条信息:"斌斌的家长,你家孩子在学校里骂人很难听。你们要是不管的话,我就来帮你们教教他该怎么讲话!"斌斌的家长非常生气,立刻在群里进行反驳。就这样,双方家长你一言我一语,在家长群里吵了起来,双方所用语言皆不堪入目。我们经常会碰到这样的例子,原本是两个孩子之间的矛盾,最后演变成家长之间的"唇枪舌剑"。一般而言,家长都希望凡事给孩子提供最好的物质条件,并尽可能保护自家的孩子免受欺负,所以当家长觉得孩子受了委屈时会显得异常恼怒。我们也许应该换一种角度来看待这个问题,孩子长大后要独自走向社会,必须独自面对复杂的人际交往环境,独自面对和同事之间的矛盾。那么,在孩子还小的时候,家长应该怎样做才能够帮助他学会处理人际冲突呢?

家长可以做到"三宜"和"三不要"。"一宜"是,当孩子跟家长抱怨同学欺负他,在家长面前痛哭流涕时,家长宜认真倾听孩子的叙述,询问事情的前因后果,了解事情的全貌。"二宜"是,听完孩子的叙述,家长宜与孩子一起客观地分析问题。例如,天天因为输了接力赛,与同学在操场上大吵了一架。父亲听完天天的讲述后耐心地问道:"今天你们输了比赛一定感到很难过吧?"天天立马跳起来说:"要不是小邱将最后一棒掉在了地上,我们一定不会输。"父亲说:"嗯,胜利就在眼前,你们却没能好好把握住,确实非常令人遗憾!但你想想小邱此时会是怎样的心情呢?"天天立马沉默了,没有回答父亲的提问。父亲接着问:"你认为自己的行为有没有不恰当的地方呢?"天天若有所思地低下了头。家长在倾听完孩子的述说后,可以问问孩子对今天发生的事情有什么看法和感受,并问问他另一位参与其中的同学又会有怎样的看法和感受,同时思考自己的行为有没有不恰当的地方。"三宜"是,家长宜和孩子一起寻找原因和对策,帮助孩子学会处理具体问题,引导孩子从问题中吸取教训。我们可以问问孩子:"你觉得这件事情可以怎样解决呢?"

"三不要"是:一不要责怪孩子,二不要强迫孩子按照家长的想法去处理问题,三不要替孩子解决问题。很多家长听到孩子又和同学发生矛盾时会责怪孩子。"你真没用!""你活该被别人欺负!"这样的话会严重伤害孩子的自尊心。我曾经看过一则新闻:一位母亲因为孩子在学校里常年受同学的欺负,就跑去学校怒扇同学十几个耳光。这位母亲的行为真令人担忧。家长代替孩子解决与同学之间的矛盾,孩子永远觉得自己是长不大的孩子,无法掌握与同伴的相处之道,这可能会影响孩子将来的人际交往。同时,因为家长的过度干涉,可能还会让孩子在班级里被孤立,从而找不到朋友。

如果家长把孩子与同学之间的冲突看成孩子成长的机遇,就应当帮助孩子尝试自己处理和同学之间的矛盾,并在此过程中练习处理人际冲突的技能。这能够为孩子将来的独立做好准备。

恰到好处的爱 —— 苏州工业园区东沙湖小学积极家庭教育周周谈

孩子独自处理与同学的矛盾

 心理教师敲黑板

　　家长在帮助孩子解决问题之前,还有一个非常重要的步骤,就是理解孩子遇到的问题。孩子抱怨受委屈时,是在表达自己的权益被侵犯了。

　　首先,家长通过倾听和多方面的了解,体会到孩子这种权益被侵犯的感觉,从而判断孩子是被不公平地对待了,还是孩子自己产生了某种失落感。前者可能是在学校或者社交场合确实存在霸凌现象,家长需要出面干预;后者可能是孩子遇到一些事情时的创伤被"激活"了。这时,家长需要留给孩子一定的时间,让他自己去处理负面情绪。例如,有的孩子会因为没有得到教师的表扬,受到别的同学几句不好的评论的打击而伤心半天。这时，家长需要倾听孩子的心声，接纳孩子的挫败感，并试着想想孩子如此需要肯定的背后，是否存在比较低的自我价值感。因为引导孩子学会自尊自爱，并感受到自己是一个好孩子，这很重要。

其次，家长在听到孩子受委屈时，也需要觉察自己的创伤是否被"激活"。上述新闻中那个冲到学校去怒扇同学耳光的母亲，很可能是因为自己有过相似的经历，或者是长时间处在用暴力的方式来解决问题的社会环境中。她这样的行为是不可取的。

有一句话我很认同："暴力的目击者，也是暴力的受害者。"作为家长，我们应该努力爱护每一个幼小的心灵，而不是用暴力解决问题。

今日小练习

1. 当孩子和同学发生矛盾时，家长试着问问孩子："你对今天发生的事情有什么看法和感受？你觉得那位与你发生矛盾的同学会有什么看法和感受？你认为自己的行为有没有不恰当的地方？你觉得这个问题应该怎样解决呢？"

2. 家长带孩子一起观看电影《奇迹男孩》，让孩子了解到：每个人都不一样，每个人都是一个奇迹！

恰到好处的爱——苏州工业园区东沙湖小学积极家庭教育周周谈

4

孩子比较单纯，不懂得拒绝别人怎么办？

言谈落落大方，处事游刃有余，这是很多家长理想中孩子在人际方面的表现。然而生活中很多孩子选择一味妥协退让，来满足别人的要求。这时，家长需要引导孩子重视自己的感受，适时说"不"。

 家长留言

我们家女儿10岁了，乖巧善良。但她不太会拒绝别人，有时对方提出一些有点儿过分的要求，她也是自己默默地承受。作为家长，我心里十分着急，孩子这种"老好人"的性格其实并不好，我应当怎么引导她呢？

 教师回复

像这种具有"老好人"性格的孩子，往往是大家眼里的"乖孩子"。曾经，我的班里有这样一个男孩子，他生性谨慎，不擅长与人交流,但是他的母亲外向健谈,对孩子的一举一动都非常关注。男孩的父亲曾经是一名中学教师,对养育孩子也有自己的想法。所以在家长的主导下,男孩的周末总是被安排得满满当当的。可是男孩变得越来越沉默,跟家长的沟通也逐渐减少,他常常将自己的感受埋于心底。如果在家庭生活中,家长总是过度干涉孩子的生活,没有一定的边界,会让孩子无法正视自己内心的需求。

针对这种情况,家长可以从以下三个方面引导孩子学会拒绝。

第一,允许孩子说"不"。我们可以回想一下,家长是否常常这样对孩子说:"天冷了,快把衣服穿上,不然你又要感冒了。这个牛肉要多吃,这样才会长高!"当孩子的想法和行为跟家长的期待不一致时,家长都要上前干涉一番。若是这样,家长可能就在孩子的心里根植了这样一个理念:"我只有让家长满意了,他们才会爱我。"同样,孩子在人际交往中也会有这样的想法:"我只有让别人满意,他们才会喜欢我。"如何改变孩子的这种想法呢?家长应当尊重孩子的感受,给予孩子选择的机会。在许多家庭里,家长总是替孩子做决定,小到购买怎样的健康零食,大到为孩子选择怎样的兴趣班。一旦孩子说"不",总是会被家长用各种方法说服。家长应该允许孩子说"不",允许他们自己做决定,对自己负责。

第二,尊重隐私,设立边界。在家庭生活中,家长应当设立一定的边界,培养孩子的物权意识。家长可以对家里的空间进行划分,区分公共区域和私人空间。家长要充分尊重孩子的隐私,如:进入孩子的房间前要敲门,并告知孩子进入家长房间前也要事先询问;不私自看孩子的信件和日记;

孩子自主决定购买健康零食

等等。在家庭生活中,家长要具备一定的边界意识,这样能够帮助孩子在与人相处时,了解自己的感受,拒绝他人不合理的要求。

第三,聆听内心的声音,对自己的情绪负责。家长可以将这份边界感延伸至孩子的交友过程中,告知孩子要遵从自己的感受。具体可以参考以下的案例。

"妈妈,楼下的小新拿走了我的熊猫玩偶,说是借她玩几天,也不知道她会不会还给我。"

"咦,熊猫玩偶不是你最喜欢的玩具吗?小新问你要的时候,你没有拒绝吗?"

"我怕自己拒绝了,小新会觉得我小气,然后就不和我玩了。"

"那你告诉妈妈,你是真的想把熊猫玩偶借给小新吗?"

"不想。但我可以借给她玩其他玩具,因为熊猫玩偶是我最喜欢的玩具,我一点儿也不想把它借给小新。"

"那你可以直接把这个想法告诉小新呀!"

"我怕她会不开心,然后不和我做朋友了。"

"琳琳,你要先把自己的真实想法告诉小新,然后把你的兔子玩偶借给小新玩,相信小新肯定会喜欢的。即使小新因为你的拒绝而生气,相信她也会管理好自己的情绪,而你需要顾及自己的感受。现在,我来和你模拟一下如何去要回熊猫玩偶。好不好?"

在孩子的交友过程中,家长的引导是不可或缺的。家长不妨像上述案例中的这位母亲一样,坐在孩子身边,耐心地听一听孩子心中的真实想法,然后和孩子进行场景模拟练习,让孩子尝试自己去解决他和朋友之间的问题。

家长的爱如果有边界感,孩子心中便自然会有分寸感和规则感,也才会有机会认同和接纳自我的感受。家长帮助孩子在人际交往中学会设定边界,从而帮助他们倾听自己内心的声音,学会不必为了照顾别人的感受而忽视自己的需要,这样孩子也会变得更加独立,更有韧性。

 心理教师敲黑板

心理边界是随着一个人自我功能的完善而逐步发展出来

恰到好处的爱——苏州工业园区东沙湖小学积极家庭教育周周谈

的。刚出生的婴儿不知道自己的边界在哪里，甚至不清楚自己和母亲是两个独立的存在。一切不愉快的感受，如冷了、饿了、渴了等都在帮助婴儿感受自己独立的存在。同时，婴儿需要用哭声来呼唤照顾者，在获得满足后露出笑容或者发出愉快的声音与照顾者互动，并练习如何与世界交流，以满足自己的需要。负责的照顾者能够在大多数情况下满足婴儿的需要，但也会出现不及时或者不充分的满足，于是婴儿就会感受到失落、不满、焦虑，这些感觉也都是建立在完善自我需要的基础之上的。

在成长的过程中，家长无须百分百地满足孩子，而要让孩子感觉到家长虽然不是万能的，不能随时随地照顾自己，但对自己的爱是无私的。家长也要允许孩子拥有自己的看法和自主意志。孩子也才能够明白，自己无须答应别人的全部要求，自己不仅是有价值的，也是值得被爱的。

  今日小练习

1. 家长和孩子一起阅读图书《真正的朋友》。真正的朋友会尽力为对方营造一个足够安全和有弹性的空间。

2. 家长和孩子一起划分家里的空间，约定尊重彼此的隐私；家长为孩子准备一个可放置私人物品的带锁抽屉，给孩子留足私人空间。

5 家长不喜欢孩子的同伴,该不该干涉?

随着年龄的增长,孩子受同伴的影响越来越大,家长常常担心孩子交上"坏朋友",会被"带坏"。家长真能帮助孩子择友吗?家长应当如何帮助孩子择友?

 家长留言

最近,孩子的班上转来了一名新同学,孩子跟这名新同学每天都一起上下学。但我了解下来,这名新同学的成绩不太好,爱打游戏,两个孩子在放学路上讨论的话题都是围绕游戏的。我越是阻止他们交往,他跟这名新同学就走得越近。我担心这么下去,孩子会被他"带偏",影响成绩。那么,我该不该干涉孩子的人际交往呢?

 教师回复

从短期来看,粗暴地阻止孩子交朋友,可能会适得其反,尤其是青春期的孩子。家长越是阻止这段关系持续下去，孩子就越觉得这份友谊来得十分珍贵。从长远来看，家长真能帮助孩子择友吗？在孩子小的时候，也许我们可以做到，但是他总要长大，总要离开家长，一辈子要遇到很多人，每一个遇到的人，家长都要审核一遍吗？这显然不可能。

那么，家长可以从以下两个方面引导孩子正确交友。

第一，树立正确的交友观念。家长可以和孩子先坐下来，把孩子心中重要的朋友的名字一一列出来；然后在每个名字后面写下令人印象深刻的特点；接着和孩子一起讨论其中他认同和不认同的特点，帮助孩子厘清思绪，让他了解自己想成为什么样的人，不喜欢什么样的人。通过这个过程，家长就能了解孩子在想什么，从而引导他们持有正确的交友观念。

小恩读小学三年级了，他们班上有一个成绩不太好的同学小雨。小雨是一个性格内向的女孩，几乎没有朋友。小恩的父亲鼓励小恩和小雨交朋友，而且还给小恩布置了一个任务，寻找小雨的优点。小雨在一次考试中取得了很大的进步，小恩第一个为她鼓掌，觉得这比他自己得了满分还高兴。小恩的父亲以这次特别的交友经历让小恩明白，通过帮助别人，自己也能获得成长和快乐，这就是友谊的力量。

第二，引导孩子自主选择朋友。家长要善于发现并肯定孩子朋友的优秀品质，并让这些品质对孩子产生积极影响。

小晨每晚睡觉前都会和母亲分享他在校内的点滴。小晨经常告诉母亲，自己和小军是最好的朋友，下课后他们俩经常到操场上踢球。有一次，他们踢到高兴时，居然没有听到上课铃响了，导致那节课他们都耽误了。晚上，小晨和母亲聊天时，他们为这件事讨论了很久。

小晨和母亲分享校内的点滴

"你为什么喜欢和小军做朋友啊?"

"他踢球的时候可酷了!同学们都喜欢他。"

"那你觉得他酷在哪里呢?"

"他球技高超!上次比赛差点儿输了,但小军没有气馁,组织队友配合起来,最后居然反败为胜了!他真的很酷!"

"是的,像他这样拥有不气馁、不放弃的毅力,很多大人可能都做不到。那么,关于今天的事情你有什么想法呢?"

"我们踢球忘记了上课时间,是我们做错了。我下次一定不这样做了!"

恰到好处的爱——苏州工业园区东沙湖小学积极家庭教育周周谈

"你和小军都是好孩子,可是好孩子也可能犯错,所以真正的好朋友要在犯错时相互提醒才行哟!我认为课间时间太短就不要去操场踢球了,你觉得呢?"

"好的。我明天就跟小军约定好以后课间就不踢球了,周末再一起踢。"

上述案例中,小晨的母亲并没有因为小晨的一次犯错就否定他的交友行为,而是在充分了解小晨对小军的看法后,充分肯定了小军不气馁、不放弃的优秀品质,引导小晨向小军学习这些优秀的品质。同时,小晨的母亲让小晨在错误中反思,"在犯错时相互提醒"才是"真正的好朋友",小晨自然心服口服,也非常愿意配合母亲解决问题了。

试想一下,如果这段对话是以母亲对小晨的一顿痛斥开始的,还会有这样好的结果吗?

随着年龄的增长,孩子渴望得到朋友的认同,家长不可能时时刻刻帮助他们择友。与不同的孩子交朋友是每个孩子成长路上的一堂必修课。家长与其关注孩子交了什么样的朋友,不如更多地引导孩子关注自己想要成为怎样的人,借此来不断完善自我,选择合适的朋友。

 心理教师敲黑板

世上不存在绝对完美的人,只有在这个情境中合适的行为或者错误的行为。孩子交朋友,从广义上来说,任何一种交往都在拓宽孩子的视野,都在帮助孩子通过他人这面镜子看到自己。从狭义上来说，优秀的朋友也许能够带领孩子增长见识，但同时也可能让孩子感觉自惭形秽，忽略自己的价值；反之，糟糕的朋友也许会让孩子接触到一些不良的习惯，看到社会上的阴暗面，但也会让孩子认识到自己身上的优良品质，建立更加正确的价值观。

家长在孩子交友上有过度的担心往往是因为家长不愿意相信孩子也能够像自己一样拥有良好的判断力。可是如果家长不给孩子机会练习，那么良好的判断力也无从建立。家长只要把握好底线，和孩子明确交友的基本原则，放开手让孩子去结交朋友，并常常和孩子讨论他身边的朋友，用欣赏的眼光去接纳孩子对一个人多元的评价，就能引导孩子获得真正的友谊。其实，我们想明白了就会发现，一个自己亲身验证过的信条，远比别人塞给我们的观点更加能够影响和指导我们的行为，哪怕这二者就是同一句话。

今日小练习

1. 家长和孩子一起观看电影《伴我同行》。影片中，四个"问题"孩子，结伴同行，在彼此身上找到了安全感，也学会了尊重生命。

2. 家长让孩子制作交友卡片（表2），先让孩子写下三个好朋友的名字，再分别写出他们令人印象深刻的特点，最后将自己认可的特点画"√"，不认可的特点画"×"，帮助孩子明确他想成为什么样的人。

表2 交友卡片

好友姓名			
特点1	( )	( )	( )
特点2	( )	( )	( )
特点3	( )	( )	( )

3. 家长经常与孩子聊一聊他的朋友，做到充分了解孩子的朋友，关键是了解孩子的想法，了解他们从朋友身上学到了什么。同时，家长启发孩子做当下正确的选择和决定。

6 孩子和母亲说的悄悄话，母亲该不该告诉父亲？

随着孩子的成长，无论是男孩还是女孩都有许多属于自己的小秘密，这些小秘密的出现就意味着孩子逐渐走向成熟。孩子是一个独立的个体，有自己的思想。当孩子选择将这些小秘密跟你分享，并请你替他保守秘密时，你会怎么做呢？

家长留言

女儿读小学六年级了，非常信任我，有什么心里话都会跟我讲。这几天她跟我说，班上有个男生给她写了一张小纸条，表示对她有好感，班上其他孩子知道后就跟着一起起哄。我跟女儿认真地谈过，女儿也希望让我保守这个秘密。我丈夫也察觉到了女儿的情绪变化，于是就问我发生了什么。说实话，我丈夫对女儿的教育也是挺关心的，平时参与女儿的教育也比较多，我心里很纠结，不知道该不该对我丈夫说。

恰到好处的爱——苏州工业园区东沙湖小学积极家庭教育周周谈

女儿与母亲分享心事

教师回复

当我读到这位母亲的困惑时,我的第一反应是要祝贺她。孩子愿意和母亲分享自己的秘密,说明孩子非常信任自己的母亲,这样和谐的亲子关系有助于问题的解决。母亲纠结于该不该将孩子的秘密告诉父亲,我感受到这件事可能引发了母亲对孩子成长的焦虑。随着年龄的增长、身体的发育、情感的发展,青春期的孩子逐步对异性产生好感,是很常见的事情,家长不必因此草木皆兵,如临大敌。孩子选择告诉母亲这个秘密,就是向母亲打开了一扇陪伴她长大的窗口,家长要善于把握陪伴孩子成长的机会。

具体而言,家长可以从以下两个方面倾听孩子的心声。

第一，处理好自己内心的情绪，认真倾听孩子内心的感受。我的一个朋友跟我分享了她的一段育儿经历。有一天，她回到家，上初中的儿子突然把她拉到一旁，兴奋地告诉她，自己喜欢上了班里的一个女孩。她听到后顿时倍感紧张，但她忍住了不安，静静地听儿子倾诉自己对女孩的好感。从那以后，家里每天饭桌上必做的事情就是，她跟丈夫一起听儿子讲述他跟这个女孩交往的点点滴滴，持续听了好几个月。我问她如何能做到这么淡定，换作我，早就给他的班主任打电话了。她说，其实每次她跟丈夫一起倾听的时候，内心都是百感交集、胆战心惊。她很多次都想对儿子说："儿子，初中的学业很重要，我们能不能先努力学习，以后再谈恋爱？"但话到嘴边，她还是忍住了，静静地倾听孩子的每一句话。她认为如果自己不听儿子的心声，亲子沟通的通道就会关闭，她再也无法走进孩子心里，更别说如何引导孩子做正确的决定了。现在，她至少可以了解孩子的想法，了解他跟女孩交往的进展。过了几个月，她听儿子一脸沮丧地说，他和那个女孩分手了。那时候，她和丈夫心里的大石头终于落地了。

第二，正确引导，分享经历，尊重孩子的选择，营造家庭和谐的氛围。面对青春期的孩子与异性交往的问题，家长可以做哪些引导呢？朋友说，她会在倾听后问儿子："你喜欢这个女孩什么呢？"儿子侃侃而谈："她成绩好，写得一手好字；读书多，知识丰富；长相美，穿戴整洁……"面对儿子"连珠炮"式的夸赞，她真心赞叹道："真是一个非常优秀的姑娘，我的儿子也非常优秀，不仅爱运动，还弹得一手好钢琴！儿子，你要更加优秀，学习上更加努力，成为更好的自己，才更值得别人欣赏。"儿子听完，默默点头，回到房间用功学习去了。有时,她会请丈夫和儿子谈谈自己曾经的恋爱经历。丈夫告诉儿子,和女孩交往时,要学会尊重,学会等待,等到自己足够优秀、足够独立时,才能更好地为自己的感情和行为负责。

如果母亲对孩子分享的秘密感到十分担心,无法独自解决时,可以跟孩子说这个问题需要他父亲的帮助,询问孩子是否能告知父亲,让父亲一起参与解决问题。如果孩子不愿意和父亲分享秘密,这时候就需要母亲拉近孩子和父亲之间的亲子关系。母亲需要在亲子关系中给父亲让位,多创造机会,让孩子和父亲单独相处。

孩子从家长认真的倾听中,感受到的是尊重和包容,因此遇事更愿意征求家长的意见,也学会更理智地做决定,为自己的行为负责。家长善于倾听,与孩子平等交流,赢得了孩子的信任。家长用自己的经历告诉孩子,学会尊重,学会等待,成为更优秀的自己,才能更好地为自己的感情和行为负责。

 心理教师敲黑板

母亲不知道该不该将孩子的秘密告诉父亲的背后,还存在一个期望,那就是母亲想把这件事告诉父亲。"家长留言"中的这位母亲可以反思一下:"为什么我答应了女儿,却又忍不住想告诉自己的伴侣关于女儿的小秘密呢?"

这个背后通常有两个原因:一是母亲处理这件事的能力不足,需要父亲作为自己的帮手,或者认为父亲在这个问题上也应当参与;二是母亲与父亲亲密无间,渴望跟父亲分享孩子成长的故事。

如果属于前一个原因,这位母亲可以通过学习提升自己的育儿能力,或者邀请父亲在女儿成长的关键期多表达对孩子女性魅力的欣赏。如果属于后一个原因,这位母亲可以评估父亲有没有能力保密,以免让女儿知道,这样不会破坏女儿和母亲之间的信任关系。如果可以,母亲则完全可以跟父亲分享一切想要分享的内容。这也是夫妻共同育儿的优势所在。

今日小练习

1. 从今天开始,家长在家庭中安排一段专门的倾听时光,用来倾听孩子一天的经历、感受。在倾听时,家长要把全部的注意力放在孩子身上,而不做过多评判。

2. 家长和孩子一起观看电影《初恋这件小事》,引导孩子努力把爱转化为使自己变得更好的动力。

恰到好处的爱——苏州工业园区东沙湖小学积极家庭教育周周谈

7

好孩子是夸出来的吗?

据说,当一个人连续被夸奖50天后,相貌会变得越来越好看,人也变得自信了很多。这个方法是否能运用到亲子教育中呢?是不是好孩子也是夸出来的呢?怎样夸奖孩子才有效呢?

家长留言

我经常会听一些育儿类的讲座,教师都提到夸奖孩子很重要,因此生活中我会尽量发现孩子的优点,多鼓励他。但孩子有时候就是"不争气",学习状态也时好时坏。例如,今天他还很自觉地做作业、阅读、背英语单词等,到了明天却又像是变了一个人,这个作业没做,那篇课文没背,连吃饭都要闹情绪!我也知道要多鼓励他,但是每次遇到这种情况时,我就感到很生气,忍不住责怪他。

教师回复

这位家长的问题让我想到了一句话:"在一个孩子成长的过程中,至少需要 5 000 次的肯定,孩子才能建立起自信。"孩子的成长需要肯定、赞美,犹如植物的生长需要阳光和水分。每个人都有被看见的需要。

具体而言,家长可以从以下三个方面夸奖孩子。

第一,多鼓励,少表扬。我们一起来回忆一个大家都熟悉的心理实验。在一所学校里,研究人员随机抽取了一个班级进行拼图游戏测验。在第一次测验结束后,研究人员把班级中的学生随机分成了两组,第一组的学生得到的反馈是一句关于智商的夸奖,比如"你在拼图方面很有天分,你很聪明"。第二组的学生得到的反馈是一句关于努力的夸奖,比如"你刚才拼图时非常努力、非常专心,所以表现得很出色"。

紧接着,研究人员进行了第二次测验,这次测验的内容非常难。研究人员发现:刚才被夸奖很聪明的那组学生,在整个测试的过程中会表现得很焦虑;而刚才被夸奖非常努力的那组学生则表现得非常认真,不断在尝试。第二次测验的结果是,两组学生都考砸了。

第三次测验的内容和第一次的一样简单。研究人员发现:被夸奖聪明的那组学生,这次的得分下降了约 20%;而被夸奖努力的那组学生,在这次测试中的分数比第一次提高了 30% 左右。

两组学生都得到了夸奖,为什么结果却大相径庭呢?研究人员发现:第一组学生得到的夸奖是指向智商和结果的,也就是我们所说的表扬。当我们夸奖学生聪明的时候也就等于告诉他们，为了保持聪明不要轻易冒险，他们是聪明的，所以不用努力。而第二组学生得到的夸奖则是指向行为和过程的，也就是我们所说的鼓励。在我们夸奖学生努力和用功之后，他们遇到困难时，会认为自己失败是因为不够努力，所以会一次次用心尝试。因此，家长在生活中应当多一些鼓励，少一些表扬；多一些具体描述，少一些评价。过多的表扬会让人变得脆弱，而鼓励则可以培养一个人的进取精神。因此，家长在夸奖时应当多用鼓励，少用表扬，也就是多赞美和肯定孩子具体的某一行为或品质。

第二，多练习肯定和赞美。肯定和赞美孩子，听起来非常简单，但是做起来对很多家长来说则非常困难。我曾经给一位母亲布置作业，让她连续一个星期每天赞美孩子的三种行为。一个星期后，这位母亲给我的反馈是，肯定和赞美孩子对她而言实在是太难了。之前，她总看到孩子的不足，很少关注孩子做得好的行为。她觉得开口对孩子说出赞美的话也非常困难。为了完成我给她布置的作业，她把自己每天找到的三个赞美的句子写下来，到了周五以后，就给孩子写了一封信。她说，孩子在看到这封信的时候抱着她哭了很久。肯定和赞美看似简单，其实并不容易做到。家长需要练习肯定和赞美，先尝试换个角度看问题，再练习看到孩子的美好，然后用恰当的语言表达肯定和赞美。

第三，用多种形式赞美孩子。其实赞美的形式多种多样，有直接赞美、间接赞美、自我赞美等。直接赞美就是通过直接的方式赞美孩子某一行为或品质。直接赞美有两点需要我们注意：一是赞美不带后缀，比如"你这次语文考试进步非常大，但还是有两道题目因为粗心做错了"，家长在赞美孩子时总是忍不住加上一个转折词，这就会大大削弱赞美带给孩子的美好体验；二是赞美也不要附带期许，比如"你这次语文考试进步很大，希望你下次更加努力"，这种带有期许的赞美在无形中会带给孩子一些压力。间接赞美就是通过间接的方式赞美孩子的某一行为或品质。比如"听老师说，你最近在音乐课上唱歌非常认真"，或者"如果你父亲知道你现在的字写得这样漂亮，一定会为你感到自豪的"。用孩子心中重要的人来肯定孩子的行为，一样非常有用。自我赞美就是孩子自己赞美自己的某一行为或品质。比如"我这次词语默写全对，这都是因为我运用了一种全新的速记方法"。当孩子学会分享自己的经验，学会自我赞美，那么下一次他出现同样正向行为的概率就会更高。

每个人都渴望得到他人的肯定，孩子更是如此。家长关注孩子成长中的点点滴滴，多给予孩子鼓励和赞美，这将是孩子成长路上得到的最好礼物。家长的鼓励和赞美会帮助他们学会自我肯定、自我激励。

心理教师敲黑板

期待者通过赋予被期待者强烈的心理暗示，使他将期待内化为自己价值观的一部分，从而完成超出期待者预期的目标，这在心理学上被称为"罗森塔尔效应"。而积极的心理暗示则会激发孩子的内驱力，让孩子逐步主动完成他人或自己预想的目标。直接赞美和间接赞美正是巧用了这种方式，借家长、教师等孩子信赖之人的口,给予孩子积极、正向的期待目标,帮助孩子获得积极向上的动力,不断调整自己的行为表现,以完成被赋予的期待目标,从而获得他人的信任、赞美,增强自我价值,由此变得更加自信、乐观。当孩子实现期待目标,得到他人的正向反馈后,便能进一步主动自我赞美、自我肯定、自我激励,逐步形成良好的品质。

需要注意的是,家长应当赞美孩子积极的想法,赞美孩子正确的行为,赞美孩子努力的过程,让孩子感受到赞美是因为自己萌生了改变的想法,产生了实际改变的行动,以及为之坚持不懈的过程。这样的赞美能够将外在的推动转化为自我的动力,最终内化为孩子的优秀品质。

今日小练习

1. 从今天起,家长每天赞美孩子的三种具体行为,一个月后记录下孩子的变化吧!

2. 家长记录下一天里自己赞美孩子的话,反思自己是否带有后缀和期许。

3. 家长阅读图书《孩子,你很重要》。孩子生来就拥有足够的资源,家长的职责不是解决他们的问题,而是欣赏他们的天赋。

8

批评和鼓励对孩子都不起作用怎么办？

每一个生命都有自我成长的强大动力。孩子就像种子，不需要催化，只需要耐心地给予其阳光和雨露。批评和鼓励不应当成为家长"控制"孩子的一种手段。家长应当充分地相信孩子，因为每个生命自有其成长的规律。

家长留言

> 我们家女儿用一个词来形容，那就是淡定，好像周遭发生的一切都跟她没什么关系。班级里举办讲故事比赛，她拿了第一名，我们表扬她，希望她再接再厉，但她并没有多么高兴。某次考试中，她发挥得不好，我和她父亲都很着急，甚至当场就批评了她，让她以后要多努力，她也不着急，依然摆出一副漫不经心的姿态。这次期末考试，我问她考得怎么样，她说数学考了 96 分。后来数学教师跟我说，孩子有点退步了，这次才考了 86 分。我这才恍然大悟，孩子居然撒谎欺骗我们。我问她为什么要撒谎，她说不想让我们生气，所以就胡乱编了一个成绩。我真是没辙了，无论是物质奖励还是严厉批评，孩子一直是这种慢性子的状态。我该怎么办呢？

恰到好处的爱——苏州工业园区东沙湖小学积极家庭教育周周谈

 教师回复

从"家长留言"中,我们得知孩子为了不让母亲生气,在数学考试成绩上撒谎了,从中我们能够看到孩子对待成绩的态度并不是真正的"无所谓"或者"完全不在乎"。许多家长在面对孩子的问题时,经常急切地想看到孩子的改变,时常把批评和鼓励当作一种手段来促使孩子立刻做出改变。家长可能会觉得:我表扬你了,你应该更加努力才对;我批评你了,你就应该知错就改。在家长的观念里有很多的"应该",当孩子没有按照家长的心理预期做出改变时,家长可能就会倍感失落,也就武断地认为孩子没有什么变化。那么,家长可以怎么做呢?

第一,不带目的地观察和反馈,接纳和包容孩子的缺点。 我曾经遇到一个孩子害怕自己期末考试考得不好,所以不肯来上学。在和孩子的沟通中,我得知孩子最害怕的是父亲问他考试成绩。我问孩子,父亲询问他考试成绩时,可能会说些什么。孩子说父亲可能会说:"考砸了没事,下次再努力!"我听完十分不解,这句话听起来并没有那么令人难以接受啊?孩子解释道,父亲说话时的眼神和语气都让他感觉很难受。当家长和孩子交流的过程中,语言传递的信息只占很少的一部分,更多的信息是通过表情、语气、动作等传递的。

在"家长留言"中,这位母亲在表扬孩子讲故事得了第一名时,可能更多的是希望孩子再接再厉,下一次表现得更好;在批评孩子时,可能表情和动作都让孩子感受到了她的愤怒和指责。这些也许在无形之中给孩子带去了压力和负面情绪,当孩子在倍感压力时是没有勇气做出任何改变的。

父亲宽慰孩子不要为成绩难过

因此,家长要学会接纳孩子在成长中的得与失,包容孩子的缺点,专注于对孩子此刻的行为进行反馈,而不要执着于孩子未来会不会继续努力。例如,当孩子讲故事得了第一名的时候,家长可以对孩子说:"这次你讲故事得了第一名,你能告诉我,你是怎么做到的吗?"或者"你每天晚上都在练习讲这个故事,比赛时你讲得有声有色,真的非常厉害。你应该为自己感到骄傲!"当孩子考试不理想时,家长也可以对孩子说:"我看到你的数学考试考了85分,在数学计算上失误较多,你认为可以怎么改变呢?"当孩子犯错时,家长应当允许孩子有足够的空间去发现错误,寻找解决方法,因为家长的接纳和包容是孩子面对和改正错误时最大的底气。

第二，帮助孩子找到"起点"，鼓励孩子和自己比，肯定孩子的每一次进步。 我的班里有这样一个孩子，他做事十分磨蹭。我建议家长在孩子做作业的时候计时，帮助孩子提高做作业的效率。他的父亲跟我反馈，用手机计时、鼓励、打骂……各种方法用尽都没有用。在一次口算练习时，我给全班学生计了时，其他孩子用 5 分钟就完成了，而这个孩子足足用了 29 分 50 秒，他感到非常沮丧。第二天，我拿出一页纸的口算题，给孩子定了 29 分 45 秒的目标，并告诉他："我们再来试一试，这次要做到专注和仔细哟！"时间一分一秒过去了，当他完成口算题的时候正好是 29 分 45 秒。孩子喃喃自语："一点进步都没有。""不对，你进步了！"我批改完口算题说道，"这次和原来相比，你进步了 5 秒！"听到我这样说，孩子显得很惊讶，也很激动。

生活中，很多家长可能会忽略这进步的 5 秒，他们会觉得其他孩子用 5 分钟就完成了任务，你也应该用 5 分钟完成。家长也许会拿其他孩子的标准去衡量自己的孩子，还可能会说"别人能做到，相信你也可以"。似乎家长这样说，就是对孩子的鼓励，殊不知，这样的鼓励会让孩子倍感压力。当孩子发现自己的努力总是达不到家长心目中的标准时，就会感到非常失望，久而久之，干脆放弃了努力。

每个孩子生来都是不同的，所以每个孩子都有自己专属的起点，家长需要学会接纳孩子的"慢一拍"，不依照"统一"的标准去设限，只有学会不带目的地观察和反馈，才能够帮助孩子学会面对问题。家长愿意陪孩子一起解决问题，善于发现孩子一点点的改变、一次次的进步，引导孩子提升成就感和胜任感，也就帮助孩子积累了不断努力的力量。

心理教师敲黑板

家长在批评时，如果孩子感到这些批评是对自己行为的客观反馈，并且家长指出了可以进步的方向，则不用过多推动，孩子便会去改善；家长在鼓励时，如果孩子感受到这些鼓励来自自己信任之人，感受到了接纳、认可和赋能，孩子自然会鼓足勇气潜心学习。反之，如果家长的批评和鼓励都不起作用，只能说明这里的批评和鼓励没能够建立在家长和孩子充分了解彼此的情况下。家长和孩子在沟通中情感断裂，就变成了单纯的谈判。因此，想要成为孩子的助力者，家长应先跟孩子建立起有质量的情感联结。淡定的孩子要么是有着自己的发展规律，要么是想测试一下：如果自己不那么优秀，家长还会爱他吗？如果家长真的想要让孩子找到属于自己的主动性，就要往后退，做好呵护、接纳和真实的反馈。家长不用过分期待，只要尽力提供适宜的成长环境，孩子长成什么样子，只和他内在的因素有关。

 今日小练习

1. 家长通过观察和记录找到孩子真正的起点，比如50米短跑用时15秒，跳绳1分钟计数80个，一页纸的口算题用时30分钟……用心发现孩子的努力和进步，记录下孩子成长的轨迹。

2. 家长阅读图书《童年的秘密》，真正发现孩子，了解孩子，在生活中扮演好观察者的角色。

恰到好处的爱——苏州工业园区东沙湖小学积极家庭教育周周谈

9 家长该不该拿别人家的孩子与自己的孩子比较？

比较是一种正常的心态，正是比较帮助我们了解孩子的发展是否跟同龄人基本一致，帮助我们及时看到孩子哪些方面超前，哪些方面落后，哪些方面发展正常。家长可以对此做出调整，帮助孩子发挥优势，弥补不足。

 家长留言

> 我在微信朋友圈看到，朋友家的孩子才上小学一年级就可以独立阅读图书《木偶奇遇记》了。于是，"别人家的孩子"这几个字就立刻浮现在我脑海中。我家孩子也刚上小学一年级，现在还在看绘本，同时得由我陪着他阅读。我顿时觉得自己的孩子和别人的孩子有一定的差距，我也知道自己这种想法很不好，但还是忍不住会有这种比较的心理。作为家长，我该不该拿别人家的孩子和自己的孩子进行比较？

教师回复

家长总会不由自主地将自己的孩子与其他孩子进行比较，很多家长坦言，他们很想知道自己的孩子跟同龄的孩子相比处于什么样的水平。当孩子在某些方面比别的孩子落后时，家长总会感到深深的担忧和焦虑。其实，"比较"的背后折射出的是家长希望教出比别人家更加优秀的孩子。2018年，智课教育与新浪教育联合发布的《中国家长教育焦虑指数调查报告》显示，中国家长整体上处于比较焦虑的状态。超过半数的家长会对孩子的学习、成长和未来感到焦虑，可见这样的焦虑在大多数家庭里是非常常见的。那么，家长应该怎么做呢？

第一，觉察自己的焦虑。 面对孩子的教育，很多家长都会感到焦虑，也很难不受周围环境的影响。因此，家长需要对自己的焦虑有所觉察，不要将焦虑传递给孩子。我曾经碰见过一个孩子，他的成绩非常优秀，可是每到考试，他就会紧张到直冒汗，甚至因为害怕考试不想去上学。我在跟孩子的交流中了解到，他和他的母亲关系非常好。他的母亲总是觉得孩子数学学得不好，所以会让孩子做很多试卷。孩子每到数学考试就会担心自己考得不好，他的母亲会为此伤心。再回忆我小时候的经历，我发现自己最受伤的是父母总喜欢说："你看，××的成绩多么好，这次考试又拿了第一名。"虽然父母的目的是激励我奋进，但是当时在我听来，会觉得自己在父母眼里不如别人。这都是典型的焦虑转移。家长顺利地把自己的焦虑转移到了孩子身上，变成孩子的焦虑。在这种情况下，孩子很少会像家长希望的那样奋起直追，而是感到泄气、伤心和自卑。

第二，爱和信任是良药。爱因斯坦小时候跟其他孩子很不同，当别的孩子在玩游戏时，他总是默默地坐在河边或是树下静静地发呆。亲戚们劝爱因斯坦的母亲带孩子去医院检查一下。但是他的母亲自信地说，爱因斯坦不是在发呆，而是在思考问题。爱因斯坦的母亲坚信爱因斯坦将来一定能够成为一位了不起的大学教授。之后，爱因斯坦直言：一位伟大的科学家背后都有一位伟大可亲的母亲。所以，在面对孩子某些方面看似不如其他孩子时，家长应当给予孩子充分的信任和爱。

第三，合理比较。家长如果很担心孩子的学习，可以询问班主任的专业意见。如果孩子在学业上确实面临困难，家长可以有针对性地给孩子提供帮助，甚至可以寻求专业人士的帮助。小爱在刚入学时，跟其他孩子相比语言表达非常不清楚，不仅词序颠倒，还前后逻辑混乱。小爱的家长非常着急，主动给班主任打电话询问小爱在学校里的学习情况。班主任坦言，相对于其他同学，小爱在语言表达方面确实落后于同龄人。班主任告诉小爱的母亲，针对小爱目前这种情况，她需要多花一点时间陪伴小爱阅读，并进行语言表达的训练。小爱的母亲听取了班主任的建议，每天放学后，她就和小爱一起坚持阅读一小时。此外，小爱的母亲经常会把小爱阅读的照片和感受发给班主任，班主任会给小爱的母亲点赞，同时对小爱在阅读上的坚持予以鼓励。经过一年的努力，小爱在语言表达方面有了非常明显的进步，性格也更加开朗活泼了，小爱的母亲感到非常欣慰。小爱的母亲通过与其他孩子的比较,发现小爱在学习上遇到的问题,并寻求班主任的帮助,引导小爱通过专业的训练,提升了语言表达的能力。因此,当孩子将现在的自己和过去的自己进行比较时,会看到自己的点滴进步,从而增强自信心和学习动力。

家长懂得审视自我内心的焦虑,接纳孩子的独特性,信任并观察孩子,帮助孩子发现他们的兴趣所在,激发孩子的理想火花,孩子便获得了有力的、自由的、向上生长的力量。合理的比较,可以帮助孩子发现其在成长中的困难,化困境为成长的契机。

心理教师敲黑板

有时,比较激发了家长内心的两种自己不敢面对的感觉:优越感和自卑感。当自己的孩子比别的孩子发展得好时,家长容易产生优越感;反之,当自己的孩子比别的孩子发展滞后时,家长的自卑感就会被激活。其实,这都是家长自己需要面对和处理的内在任务,如果家长没有觉察到,就会通过过度要求孩子来彰显自己的优越感,压制自己的自卑感,这两种处理方式都会让孩子承受不必要的压力。

所谓"看见孩子",就是在家长了解自己的情绪、问题和未完成的心理发展任务后,自然而然地就会看到有着各自的特点,并且在某些方面发展快、某些方面发展慢的孩子,也才能够帮助孩子弥补弱项,发展强项。

如果家长在比较之下看到自己的孩子的阅读能力和某些孩子相比是落后的,就会感到非常焦虑,觉得自己的孩子很可能因为阅读能力跟不上而错失很多机会,未来的发展势必不如别人,自己的期望就会全部落空。这样家长很容易为孩子购买不符合他目前需求的书籍和课程,给孩子讲一堆道理,但也会发现孩子几乎不可能立刻爱上阅读,反而会十分受挫。但如果家长发现孩子在阅读方面的能力暂时落后,也看到孩子拥有的特点和优势,就能够尝试接纳和包容孩子的缺点。同时,家长应当创造亲子共读的机会,让孩子分享自己的阅读乐趣,这样孩子就可能慢慢爱上阅读。

今日小练习

1. 家长根据自己焦虑的问题试着用提问的方式进行自我觉察:我担心的问题是什么?我的感受是什么?我产生的想法是什么?我隐藏的信念是什么?我可以做哪些改变?

2. 家长和孩子一起观看电影《心灵奇旅》。不是每一个孩子都能成功,但拥有智慧火花的孩子一定会闪闪发光。

10 家长如何更好地加强亲子互动？

家长在养育孩子的过程中常常会被各种具体的事务和琐碎的问题牵绊，容易陷入"怎么做才是对的？""哪个选择才是好的？""去哪儿才是合适的？"等问题中。有时，家长反而容易忘记了，跟孩子在一起的主要目的是构建、维护和改善亲子关系。

家长留言

> 每到周末，我看到有些家长开开心心地带着孩子去爬山、参观博物馆，我就发愁：如何陪伴孩子？我询问孩子的意见，孩子总是说去游乐场。我觉得经常去游乐场也没意思，提出要换个地方，但孩子对我的提议都提不起兴趣。那么，周末除了安排孩子学习、休息，我还能做些什么呢？如何更好地增强亲子互动呢？

恰到好处的爱——苏州工业园区东沙湖小学积极家庭教育周周谈

 教师回复

在"家长留言"中,家长询问孩子喜欢做的事情、家长可以陪孩子做的事情有哪些时,孩子除了对游乐场十分感兴趣,对其他的活动都提不起兴趣,家长对此感到束手无策,觉得周末就无事可做了。我不禁想问问家长,抛开孩子的因素,家长有没有真正感兴趣的事情呢?我最近看到一个一家人在户外长跑的视频,家长在前面领跑,儿子跟在后面,一家人陶醉其中。父亲介绍说,最开始是自己喜欢长跑,后来其他家庭成员也加入进来,一家人坚持跑了整整两年。这位父亲并没有一味地考虑孩子想要做什么,而是用自己的热爱成功地把全家人都拉进了跑步的队伍里。因此,我建议家长可以询问孩子是否愿意陪自己参加一些有趣的活动。

具体而言,家长可以从以下两个方面加强亲子互动。

第一,协商选择一项活动。一家人坐在一起召开一次家庭会议,把大家的兴趣爱好一一罗列出来,选择一项大家都喜欢的活动,并安排好活动的时间和地点。

以小宇一家为例。小宇的父亲是一个爬山爱好者,他与小宇通过协商决定将爬山作为他们定期必做的亲子活动。为了周六能更好地开展爬山这项活动,父母会和小宇一起坐在沙发上,讨论周六爬哪一座山。如果小宇有明确的想法,陈述了自己的意见后,父母一般都会尊重小宇的意见。如果小宇没有明确的想法,父亲就会提供2~3个地点,让小宇来选择。定下地点以后,作为主要策划人的小宇会和父亲一起确定本次活动的主题,如"亲子竞技""山顶野营"等。针对活动主题,小宇会和母亲一起购买活动所需要的物品。虽说这些是亲子活动的前期准备,但是这样全家人一起商讨、策划、购买用品,不也是一种融洽的亲子互动吗?

第二,关注情感交流,享受互动的乐趣。有一位母亲因为孩子比较调皮,喜欢玩闹,就经常和孩子一起画画、做手工,希望借此能帮助孩子静下心来,提高注意力。在画画的过程中,孩子活泼好动,有时候不认真画画,有时候安静不下来,这位母亲便会批评孩子画得不够好,态度不够认真。久而久之,画画这项亲子互动活动不仅没有拉近这位母亲和孩子之间的距离,反而还加剧了两人的矛盾。

再观小宇一家,他们就非常重视互动的过程,一家人都享受到了爬山的乐趣。爬山时,小宇的父亲跟小宇好像朋友一般,两人互帮互助,一同玩乐,十分愉快。小宇的母亲在父子俩身后为他们拍下美好的互动瞬间,十分惬意。小宇和父母的欢笑在周末的假期里显得格外温馨。爬山结束后,在回家的路上,一家人还会在车里一起回顾和总结爬山的经验,小宇的父亲会肯定小宇的行为:在前期的准备时,他考虑到了带雨披、穿防滑鞋;到中期照顾母亲时,他很像一个男子汉……小宇的父亲总会用欣赏的语气赞美小宇的一举一动。回家后,小宇的母亲会和小宇一起制作精美的植物标本,或者打印照片,留存精彩的瞬间。

家长通过家庭会议选出一家人共同感兴趣的事情,让孩子参与选择、策划和准备,让孩子拥有掌控感,这是孩子爱上亲子活动的重要理由之一。同时,在互动过程中,家长只进行观察,不做评判,更容易与孩子在情感上进行交流和产生共鸣。

恰到好处的爱——苏州工业园区东沙湖小学积极家庭教育周周谈

心理教师敲黑板

很多时候,孩子上学之后,家长的角色发生了很大的转变,变成了孩子的另一位教师,甚至是教练。家长的各种提醒、叮咛和催促占据了和孩子相处的大部分时间,但只要家长回归养育孩子的初心,就会看到:生养孩子,其实是为了享受彼此的陪伴。所以,亲子活动不用总是考虑怎么做才有意义,才能够帮助孩子发展,而是可以思考,什么样的活动是最容易给孩子带来快乐的,最容易让孩子感到被爱的,也最容易让自己感到放松的。因为这样的亲子时光才是对亲子关系最好的滋养。随着孩子的长大,他们会变得越来越有自我意识,越来越想要做出自己的决定,而家长想要给予他们正面影响,唯有保持良好的亲子关系。

高质量的亲子关系是孩子的安全港湾。有了这个安全港湾,孩子才能够更加有力量去探索自己的未来。事实上,亲子活动做什么并没有那么重要,孩子愿意去游乐场,只要家长不那么排斥,就尽量陪他们去,关键是家长在陪伴的过程中有没有提供支持、鼓励和对新事物保持积极开放的态度。相信孩子只要在自己熟悉的领域进行探索,就一定有勇气到达更远的地方,而面对那个更远的地方,孩子内心的勇气就是在一次次的亲子相处中获得的。

今日小练习

1. 家长和孩子一起阅读书籍《越玩越聪明的101个户外亲子游戏》，并和孩子一起在这本书里找一找彼此都感兴趣的活动，去户外尝试一下吧！

2. 家长召开一次家庭会议，选择一项一家人都感兴趣的活动，以此作为亲子互动的项目，做一份详细的活动计划，包括活动的地点、时间、准备和分工，让孩子参与到活动的选择、策划和准备中来。

恰到好处的爱——苏州工业园区东沙湖小学积极家庭教育周周谈

11

家长陪伴时间少,如何做到高质量陪伴孩子?

所谓"高质量陪伴",指的是不考虑陪伴时间的长短,通过全心全意地投入,让孩子在家长陪伴的过程中感受到满满的爱意和浓浓的幸福。

 家长留言

> 我常常觉得自己是一个不称职的父亲,自己的工作比较忙,经常出差,平时下班也很晚。每每我回到家,孩子已经睡觉了,一个礼拜我跟孩子见不了几次面,父子之间的交流也很少。我担心长期这么下去,会和孩子慢慢产生隔阂。那么,我该怎么做才能让孩子跟我更亲近一些呢?

 教师回复

当家长陪伴孩子的时间比较少时,不必过于担心,也不必过于愧疚。我记得在电影《生日卡片》中，小女孩纪子的母亲知道自己时日无多了，就约好在纪子20岁之前的每年生日都给她寄一张生日卡片。虽然在纪子10岁的时候，她的母亲就离开了人世，但是在她10岁到20岁这些年里，她的母亲准备的生日卡片一直是纪子的力量来源，陪伴纪子一路成长、成熟。所以，真正的陪伴不在于时间的长短，而在于陪伴的质量如何。

那么，家长应当如何高质量地陪伴孩子呢？

第一，家长通过全情投入提升陪伴质量，安排有意义的亲子互动活动。家长在自己的日程表上选择一个固定的时间，与孩子进行亲子互动，安排一些有意义的活动，如：打羽毛球，做手工，参观博物馆，等等。这些都能够成为亲子互动的美好时光。我们班小俊的父亲就是这种情况。每次我在小俊面前提到他的父亲，他都无比骄傲，对父亲十分崇拜。为什么与孩子互动极少的父亲在孩子眼里却成了偶像呢？原来，小俊的父亲和小俊每周都有一次固定的游戏时间，小俊的父亲会在一个月里安排两次亲子互动时间。活动内容会根据彼此的喜好来决定，父子俩可以一起搭积木，一起克服困难，守着积木块，一点一点地垒高，直到这些积木块变成精致的建筑模型。此外，父子俩还会一起去体育馆打羽毛球，来一场父子之间的较量。收放自如的小俊的父亲既让小俊从比赛中获得了成就感，又展示了自己的风采和力量，成为小俊眼里的偶像。在亲子时光里，小俊的父亲是百分百投入的，他的眼里只有小俊，因此小俊感到无比满足。

第二，增加多种沟通方式，拓展互动模式。家长可以定期给孩子写一张留言条、留一封信，或是画一幅画、录一段语音,让亲子陪伴变得更加高效。我有一位同事,她的丈夫经常出差,几个月里只能与家人团聚几天。但是他每周都会给孩子写一封信。见字如面,父子俩有时在信中讨论诗集,讨论绘画,交流彼此的爱好;有时分享各自的生活琐事,父亲跟孩子讲述自己工作的经历和感悟,儿子在信中告诉父亲自己学习上取得的成绩。因为有了书信的沟通,父子俩的感情愈加深厚。在《傅雷家书》中,傅雷写给儿子傅聪的家书让傅聪感受到了浓浓的父爱,这也是一种陪伴——精神上的陪伴。这样的沟通,拉近了孩子与家长的距离,孩子也有了更多渠道与家长沟通。若孩子到了青春期,也可以将秘密藏于书信之中,从而减少青春期孩子内心的迷茫。

第三,人不在场,情感在场。若父亲工作比较忙,母亲可以进行补位,父母可以相互合作,为孩子的成长共同营造和谐的家庭氛围。在日常生活中,母亲可以多鼓励孩子:"哇,你父亲看到你这样端正地书写,一定会为你感到骄傲的!"母亲也可以用父亲的身份给孩子送一份礼物,并附赠一张卡片:"父亲知道你最近帮了母亲不少的忙,还能分担家务了。所以,我特地给你买了一份小礼物。"虽然父亲不能常常陪伴孩子,但是母亲这样的言行和举动,让父子关系变得更加紧密。家庭中的成员应该相互合作、彼此借力,让孩子感受到爱与关心无处不在,也让孩子在和谐的家庭氛围中茁壮成长。

孩子在家长全心全意的陪伴中感受到的快乐是无限的,即使家长陪伴的时间很少,也能够让孩子感到被爱与幸福,从而给孩子带来成长的勇气和力量。

心理教师敲黑板

家长是孩子生命中重要的角色之一。孩子越是在年幼的时候，家长作为陪伴者和照顾者的存在越重要。但随着孩子慢慢长大，家长将越来越多地作为孩子情感依恋和精神引领的标志而存在。直到孩子成年，家长的影响依然存在，但孩子已经不需要家长在身边了。成年的孩子只要没有努力刻意修正过自己，就依然会用家长看待自己的方式看待自己。所以，被家长尊重的孩子往往会成为高自尊的成年人，被家长呵护的孩子会懂得自爱，也容易找到爱自己的伴侣；反之，不被家长信任的孩子往往会成为没有自信、没有目标感的成年人，而遭到家长抛弃的孩子则容易成为自暴自弃的成年人。因为家长作为客体的形象已经深深刻进孩子的思想里了，所以如果因为工作性质或者其他原因无法长时间陪伴孩子，家长也要想出不同的方式来让孩子感受到自己的关切和爱意。常常出差的家长如果能够记得每次带一份小礼物，哪怕是一张明信片，或是通过电话、视频、留言等方式，依然能够让孩子感觉到自己是重要的和被爱的。需要记住的是，陪伴的质量有一个判断标准，那就是孩子的感受。所幸，这无关时间。

 今日小练习

1. 家长和孩子一起观看电影《生日卡片》。在电影中，虽然母亲不在孩子的身旁，但是母亲的爱可以陪伴孩子成长。

2. 填写"美好时光"打卡表（表3）。

表3 "美好时光"打卡表

时间	互动游戏	孩子评价
周六下午 1:00—3:00	打羽毛球	☆☆☆☆☆
		☆☆☆☆☆
		☆☆☆☆☆
		☆☆☆☆☆
		☆☆☆☆☆
		☆☆☆☆☆

家长如何应对孩子的拒绝？

敢于说"不"的孩子，更善于倾听自己内心的声音，更善于顾及自己的需求，未来也会充满快乐。家长称赞孩子小时候敢说"不"的勇气，孩子长大后就有说"不"的底气。

 家长留言

我们家孩子刚满10岁，他的岁数不大，但脾气不小，什么事情都喜欢跟家长对着干，常常挂在嘴边的一句话就是"我不要"。周末在家，我催着他出来吃晚饭，可催了半小时，他还是一个人躲在书房里不肯出来。孩子渐渐大了，有时候，我真的不知道该怎么跟孩子沟通了。那么，我究竟该如何心平气和地应对孩子的拒绝呢？

 教师回复

如果家长在听到孩子说各种"不要"的时候，会感到焦虑、难过，甚至恼火。那么，家长可以思考一下，从孩子的

"不要"中听到的是什么?我们是否听到的只是孩子的拒绝,并认为这是对我们权威的挑战和漠视。事实上,通常一个孩子会从2岁时开始学会拒绝,并且随着年龄的增长,拒绝的次数也会增加,到孩子青春期时,就是他说"不"的高峰期。孩子拒绝家长的要求是他们成长过程中出现的一种正常现象,也是他们学习独立,学习思考,学习按自己的想法生活的必经阶段。

具体而言,家长可以从以下两个方面回应孩子的拒绝。

第一,试着看到孩子背后的需求,给孩子有限的选择。比如跟孩子约定的睡眠时间到了,但孩子拒绝睡觉。那么,这时候家长不要立刻和孩子陷入"斗争"的僵局之中,而是让孩子谈一谈他的想法,并且给予孩子做出决定的自由和权利。我有一个同事也碰过这样的问题。一天晚上,她让女儿去睡觉,女儿一直不肯听话。她猜想女儿可能是没有玩够,所以不想睡觉。于是,她给女儿提供了两个有限的选择。第一个选择是,既然女儿想玩,那么可以再玩一会儿,但必须遵守约定的时间,以满足她当时的需求。第二个选择是,约定的时间到了,女儿必须上床睡觉,但可以选择由谁来陪伴。这让女儿感受到了母亲对于规则的坚持。事实上,孩子不断说"不"的背后,可能是缺乏对于生活的掌控感。在合理讨论的基础上,家长要多给孩子做决定的机会。

第二,让孩子看到家长的需求。一位母亲就跟我分享了她的家庭故事。这位母亲和儿子前一天晚上约好了第二天一起去野餐。到了第二天,母亲准备了很多水果、寿司、小点心,拎着餐包就提醒儿子该出门了。此时,儿子正坐在桌前津津有味地看着书,兴许是看得入迷了,直接跟母亲说:"我不想去了!"母亲的兴致一下子就没了,甚至有一点儿生气。她转头看着儿子,问道:"你是不是因为这本书很好看,所以就不想去野餐了?"儿子点了点头。母亲继续说:"但是你和我约定好了去野餐,况且我也准备了很久,你这个决定会让我感到很失望。"儿子看了看母亲,继续说:"那我带着书,这样可以在野餐的时候看书。"

儿子希望能带上书本去野餐

这位母亲不仅看到了孩子拒绝野餐是为了看书,而且还把自己的需求和被拒绝的感受都反馈给了儿子。儿子感受到了母亲对他的尊重,也懂得了母亲的需求,于是想到了"野餐的时候看书"这一解决方法,满足了自己和母亲不同的需求。

家长根据自己的需求给孩子提供了"有限的选择",孩子会更愿意与家长合作,这也许就是"温和而坚定"地赢得了孩子的心。家长尝试告诉孩子自己的需求，能够引导孩子学会倾听，学会换位思考，从而做出对彼此都有利的决定，这就是在引导孩子平衡家长与自己的不同需求。

 心理教师敲黑板

听到孩子说"不"时，家长心里觉得不舒服是很自然的。但家长不妨想一想：自己希望孩子变得乖顺的目的是什么呢？答案是：方便我们自己。养育的悖论是，家长希望孩子听话，但听话的孩子最大的问题是没有分辨能力，所以未来当他们面对越来越多不同的要求和这个世界复杂而多元的声音的时候，他们必将手足无措。

家长时时刻刻面临着这样的选择，我们是渴望立刻解决当下的问题，还是着手培养孩子未来的品格与能力？当下解决问题的方法是，需要孩子凡事都说"好"。但如果我们希望孩子真的有分辨是非的能力，在不同情境中做出正确的选择，说"不"则更加重要。另外，一个事事都听家长的话，按时睡觉和吃蔬菜的孩子，与另一个在与家长充分讨论并在日常生活的实践体验中，逐步认识到了规律的生活作息可以高效而快乐地生活和多吃蔬菜对身心健康有益的孩子相比，显然后者更有可能去长期实践这个理念。

家长只有真正想清楚以上的差别，才能放下一时的情绪。因为接纳孩子的情绪并不是为了委屈家长，而是为了帮助孩子在未来更好地去适应纷繁复杂的社会，并成为一个有批判性思考能力的成熟之人。

今日小练习

1. 当孩子对家长说"我不要吃饭""我不要睡觉""我不要跟你一起外出"时,尝试猜一猜孩子真正想要做什么事情。

2. 家长和孩子一起练习寻找第三种解决方案,这种解决方案应当同时满足双方的需要。

3. 家长阅读图书《与青春期和解》,努力做一个不计较、不生气、不失控的人。

恰到好处的爱——苏州工业园区东沙湖小学积极家庭教育周周谈

13
家长如何与孩子进行有效的沟通？

我们永远都无法让一只蝴蝶按照我们的意愿去飞行。同样，我们也无法让一个孩子按照家长的意愿去成长。有效的沟通在于先看见孩子的感受、情绪，再看见孩子的问题。

家长留言

我家有一个9岁的小男孩，他的想法有很多，有时候一件很简单的事情，他非要按照自己的想法来，便将事情复杂化了。虽然我知道，家长不能把自己的想法强加于孩子，但孩子还小，有很多地方是需要家长引导的。那么，我应该如何把握这个度让双方进行真正有效的沟通呢？

教师回复

在"家长留言"中，我们可以看到，这个小男孩是很有主见的。对于家长的建议，他既会质疑，又会用自己的方式去完成事情,这其实是值得肯定的。但家长为此感到困惑,这在生活中屡见不鲜。家长就好像是一个个"修理工",每天检查孩子的各种问题,并且通过各种方式去"修理"这些问题,这些问题似乎永远都不会被"修好",孩子也永远变不成家长心目中的完美小孩。那么,家长该怎么做呢?

第一,建立情感联结,让孩子感受到关爱。我曾经碰到过这样一个孩子,他上课要么在桌肚中玩玩具,要么趴在地上撕纸,下课就追着其他孩子打闹。班主任的训诫、家长的责骂对他而言都是"家常便饭",但并没有任何效果。有一天,他迟到了,没吃早饭,于是我就把他带进办公室,请他吃早饭,并约定若下次他也没吃早饭,可以在我的抽屉里拿

教师为孩子提供早餐

食物。每天上课前,我都会提前给他单独布置课堂任务,并将其一一写在他的本子上。如果他不愿意听课,那么就按照我们约定好的任务,他自己对照着逐一完成。下课后,我也会让他帮忙搬作业。就这样,时间一天天过去,他渐渐能够参与课堂学习了,跟教师也有了互动。在课堂教学中,我发现了这样一个现象:当我们一味地盯着孩子的问题时,这些问题很多时候都无法解决。但是当我们把目光从问题上转移,并想办法跟孩子建立情感联结时,孩子感觉到了教师的重视和关心,大部分的问题基本上会迎刃而解。

同样的,家长如果每天都能够留有专门的时间,跟孩子共享"特殊时光",就能与孩子建立情感联结。我的一个朋友很注重早餐的营养搭配,他会早起准备各种丰富的早餐,既美味又精致,孩子每天都很期待早餐时光,一家人可以坐在一起一边吃着早餐,一边相互打气和鼓励。美味的早餐、暖心的鼓励,可以为孩子开启美好的一天。

第二,少评判,多启发。 当家长看到孩子的问题时,可以少一点评判,多一点启发。家长要充分相信每个孩子都是解决自己的问题的专家。

受新冠疫情的影响,这个学期孩子都在家里上网课,我会定期家访,并询问孩子的家长:"您觉得孩子在家上网课学得怎么样?"家长会迫不及待地跟我"告状"。后来,我先要求家长说一说孩子做得好的地方,同时也让孩子说一说自己觉得做得好的地方,再问孩子:"如果想要做得更好,你最想改变的是什么?"绝大多数孩子想要做出的改变,跟父母觉得孩子做得不够好的地方不谋而合。这时,我会继续问:"如果想要改变,你打算怎么做呢?"孩子思考了片刻,写下了很多策略,也表示会在后面的学习中尝试去执行。事实上,大多数孩子都非常清楚自己的问题,也能够找出很多策略去尝试改变。所以,当我们看到孩子的问题时,不妨像上面那样去启发、去引导,让孩子自己去发现。

家长应当站在孩子的角度看问题,而不是将孩子视为有问题的孩子,即先要建立好与孩子的情感联结,再解决问题。当孩子感受到家长对自己的关注和关爱时,更愿意做出改变。家长启发孩子独立解决问题,会帮助孩子逐渐产生成长的幸福感,他会变得越来越自信。

 心理教师敲黑板

"完美的孩子和完美的父母是没有的。"这是一个我们虽然了解,但内心很难真正接受的事实。我们想要影响和改变孩子的想法和做法,往往是因为我们想要获得一种对不确定性事物的掌控感。但家长也许应该记住,这份掌控感,孩子和我们一样需要。陪伴孩子成长,很重要的一部分就是在考验我们能否将这份价值感越来越多地让渡给孩子。

沟通,是一个过程。沟通的过程就是一方完整地表达了信息,另一方完整地理解了信息,而对结果的过度掌控并不属于沟通的范畴。

恰到好处的爱——苏州工业园区东沙湖小学积极家庭教育周周谈

今日小练习

1. 亲子共读图书《童年不缺爱》。幸福的人用童年治愈一生,不幸的人用一生治愈童年。

2. 家长和孩子一起商量并定下每日的亲子时间,共同享受"特别时光",可以是"早餐时光""晚餐时光",也可以是"睡前时光"。

14 孩子情绪失控，家长该怎么办？

情绪管理是孩子亟须学习的内容，因为孩子成长的过程也是逐渐学会管理自己情绪的过程。当孩子情绪失控时，家长要引导孩子调整认知，让孩子尝试从另外一种角度来看待引起他情绪产生波动的事情。

 家长留言

> 孩子马上就满10岁了，很容易情绪失控，为一点小事就大发脾气。有一次，他做作业不专心，我批评了他几句，他就把铅笔掰断了，还一个人躲在房间里，关上门生闷气。遇到这种情况，作为家长的我感到非常有压力：批评他，我怕他情绪激动，把事情变得更复杂；不批评他，我又觉得孩子这样太任性，以后肯定要吃亏。那么，当孩子情绪失控的时候，我该怎么跟孩子进行沟通呢？

恰到好处的爱——苏州工业园区东沙湖小学积极家庭教育周周谈

 教师回复

10岁的孩子，大脑中主管情绪的前额叶正处在发育中，他们遇到困难和挫折时，很难像成年人那样冷静、自控。因此，这个年纪的孩子遇到问题，情绪会失控是很正常的现象。成年人情绪糟糕的时候，已经发育成熟的前额叶会帮助我们管理好自己的情绪。当孩子情绪失控的时候，家长要帮助他们学会管理好自己的情绪，这样孩子才能够逐渐学会如何自我管理情绪。

具体而言，家长可以从以下两个方面入手。

第一，给情绪贴标签。 家长可以先从教会孩子如何识别和感受自己的情绪开始，借助一些情绪脸谱，帮助孩子认识人的基本的情绪——喜、怒、哀、乐，进而在生活情境中引导孩子给自己的情绪贴标签。在绘本《妈妈，我真的很生气》中，故事里的孩子无法控制自己愤怒的情绪，每次生气时不是扔东西，就是打人。母亲给孩子设置了一把反省椅，每次孩子因为生气做出一些不恰当的行为时，母亲会让他坐在反省椅上。母亲告诉孩子，生气时无论是扔东西，还是打人都是不对的。母亲和孩子约定，从现在开始，生气时就得说出来，如"我太生气了！"或者"我需要帮助！"这样的话语。母亲给孩子一张纸，上面画有五个圆圈，每次孩子生气时能主动说出来，就画上一个笑脸，当笑脸画满整张纸时，孩子就能兑换一个愿望。通过这样的方式，孩子逐渐学会了表达自己的情绪。

第二，用合理的方式宣泄情绪。 家长在孩子情绪失控时，耐心地陪伴孩子，允许孩子有强烈的情绪，并接纳孩子的负面感受，让孩子学会用合理的方式抒发情绪。我们班里有一个叫小立的男孩。一年级时，小立常常会因为一些很小的事情，就大发脾气，躺在地上撒泼打滚，甚至对周围的同学乱喊乱叫。有一次，小立又躺在地上打滚，我一把抱起他，把他带进了办公室，拿出一张很大的白纸和一些彩笔，对小立说："我知道你现在很生气，你到底有多么生气呀？能不能在白纸上把你的感受画出来？"小立接过白纸和彩笔，用力地在白纸上乱涂乱画，白纸一下子就被他给画破了。一张白纸画完后，小立告诉我，他生气极了。我点了点头，摸了摸他的脑袋，说道："看来你真的是非常生气啊！"紧接着，我又递给他一张白纸，让他继续画，他还是一样用力地乱涂乱画。直至画到第四张白纸时，小立的情绪才平静下来，表现得不那么生气了。

除了在白纸上画出自己的情绪，合理地宣泄情绪的方式还有很多。我们再来看一个例子。一位母亲在儿子情绪失控时，蹲下身子抱了抱儿子，轻轻地告诉儿子："我明白这时候的你一定非常生气。"紧接着，母亲让孩子去描述他到底有多么生气。孩子把自己生气的情绪描述成一团熊熊燃烧的火焰。母亲问："你心中的那团火焰究竟有多大？"孩子在胸前画了一个大大的圆圈，生

母亲安抚情绪失控的儿子

143

气地说:"比我画的这个圆圈还要大很多倍。"母亲紧接着问:"你知道用什么样的方法可以让这团火焰变得小一点吗?"孩子说:"我可以去打沙袋。"于是,母亲带着儿子去打沙袋。过了一会儿,母亲又问:"现在你觉得这团火焰有多大?"孩子用双手在胸前画了一个小了一圈的圆。就这样,母亲带着孩子一边打沙袋,一边感受心中生气的火焰慢慢变小,直至熄灭。

家长帮助孩子正确地认识情绪,这样孩子在情绪来临时,就能够更好地了解自己的感受,学会给自己的情绪贴上合适的标签,学会用合理的方式宣泄自己的情绪,从而减少内心的冲动,与情绪和解,与自己和解。

心理教师敲黑板

孩子负面情绪爆发,如生气到无法自控、伤心到大哭不止、害怕事情而逃避等,这些常常让家长感到头疼不已,但其实这些向外打开的情绪都是比较积极的表达方式;而孩子成长中更加隐蔽的问题,是情绪的不表达,也就是压抑情绪。这时,生气会变成生闷气,伤心会变成自责与愧疚,害怕也会变成安全感缺失。这样的孩子会成为患抑郁症、焦虑症、强迫症等疾病的高危人群。所以,家长应当认识到孩子在我们面前发脾气,是因为他们把我们当成安全倾诉的对象,向我们公开地表达他们自己内心深处的想法,也试着让我们来处理他们无法解决的内在困扰。

我推荐情绪管理的三步走:第一步,比较简单的管理方式就是允许他们在保证个人安全且不伤害他人的情况下表达自己的情绪，比如跺脚（在没有尖锐物品的地面上）、叫喊（在不吵到别人的房间里）、打沙袋、摔枕头，甚至现在有一些专门设计的减压产品凭借柔软的材质任人揉捏，这样可以帮助孩子先把负面情绪释放掉。第二步，用表达和提问来确认并回顾发生了什么事情，如："刚才他抢了你的玩具所以你很生气，对吗？""她们故意不理你，所以你很伤心，是不是？""你愿意告诉我，你为什么那么难过吗？"孩子一旦有机会表达出来，语言可以很快帮助他们平复心情。这时，家长不要着急说任何道理，而是重复孩子的感受，确认自己听懂了孩子的心声。第三步，告诉孩子任何感觉都是自然生成的，是允许出现的。孩子可以生气、愤怒、伤心，甚至绝望，但有些行为是不可以做的，比如伤害自己、殴打别人、辱骂别人等。

 今日小练习

1. 家长跟孩子一起认识情绪脸谱，或者带着孩子一起画一棵情绪树，认识我们常用的情绪词汇，比如高兴、开心、激动、平静、惊讶、失望、痛苦、难过、恐惧、害羞、生气、愤怒等，每天让孩子选择几张能够代表他当天心情的脸谱和情绪树叶图片贴在情绪墙上。

2. 家长和孩子一起观看电影《头脑特工队》，让孩子明白这样一个道理：每一种情绪都塑造着我们，我们只有接纳它们，才能真正接纳自己。

3. 家长和孩子一起阅读绘本《生气汤》。当你想生气的时候，试着学着霍斯的样子煮一锅"生气汤"吧！

恰到好处的爱——苏州工业园区东沙湖小学积极家庭教育周周谈

15 单亲家庭如何建立稳定的亲子关系？

即使父母之间的婚姻关系结束了，但依然可以共同承担抚养孩子的责任，让孩子感受到父母虽然分开了，但是对他的爱是不变的。不管是单亲家庭还是普通家庭，都能够营造和谐的家庭氛围。

家长留言

儿子刚上幼儿园的时候，我就和丈夫分开了。我一直带着儿子和女儿一起生活，儿子的性格比较敏感，有时容易妒忌女儿，有时会因为一些小事发脾气。但儿子在学习和生活方面没让我多操心。那么，我怎样才能让儿子更有男子气概呢？怎样才能与两个孩子建立稳定的亲子关系呢？如何让两个孩子之间不相互比较，让家庭氛围更和谐呢？

教师回复

每当我接手新的班级，都会有父亲或者母亲非常为难地跟我袒露,他们时常担心孩子会因为特殊的家庭情况受到影响,担心孩子会由于缺少父母一方的爱而变得不够阳光、健康、自信。事实上,在多年的观察中,我发现很多父亲或者母亲独自抚养的孩子也同样优秀。例如,中国首位在世界极限运动会夺金的运动员谷爱凌就是由母亲和外婆抚养长大的,但是她获得了常人无法企及的成功,所以单亲家庭同样有能力为孩子提供独立发展、健康成长的力量。

具体而言,单亲家庭可以从以下两个方面建立稳定的亲子关系。

第一,父母合作,共同抚养。单亲家庭仍然可以寻求另一方的合作,共同担负起抚养的责任。同时,家长要在心理上给予孩子关爱,允许孩子自由地成长。我曾经遇到过一个在单亲家庭生活的男孩——小孟,小孟与他的母亲和外婆一起生活。他高高的个子,阳光开朗,很有男子气概。通过与小孟的母亲的沟通,我了解到在小孟很小的时候,他的父亲就和母亲离婚了。之后,小孟一直跟着母亲一起生活,但是他的父亲每周末都会抽出半天时间来看孩子。小孟的父亲会陪伴小孟去运动,去户外郊游,或者陪伴他一起玩游戏。尽管小孟的父亲陪伴小孟的时间非常少,但是每次都非常投入,父子俩一起尽情互动。小孟的父亲让孩子感受到,虽然父母分开了,但是他们依然非常爱自己。

电影《小偷家族》中,小百合的家庭是完整的,她有自己的亲生父母,可是在这个家庭中,她看到的是父母经常激烈地争吵,她时常会遭受到父母的毒打。虽然在现实中,小百合的家庭是完整的,但是在心理上,她是一个没有人关爱的"孤儿"。因此,小百合后来选择待在一个没有血缘关系的家庭之中，不回自己的家，只因为她在这个陌生的环境中感受到了爱。真正影响孩子健康成长的并不是生理上的父母，而是心理上能够体现接纳与包容的人。稳定的亲子关系是建立在孩子能够从父母的言行中感受到自己是被爱、被接纳、被尊重和被支持的基础之上的。

第二，邀请其他家庭成员进行补位。如果父母一方有能力，可以同时扮演好父亲和母亲的角色，让孩子得到充分的爱的滋养，茁壮成长；如果父母一方比较忙，可以邀请其他家庭成员进行补位，让孩子从心理上感受到完整的爱。例如，谷爱凌的母亲谷燕允许女儿涉猎多种运动项目，比如篮球、足球、骑马、攀岩等。谷燕不会因为担心运动项目不安全而限制女儿的探索，甚至为了支持女儿在滑雪上有所发展，每周末会驱车8小时带着女儿往返旧金山和滑雪场。在她的身上，我们既看到了一位母亲对女儿的理解和包容，又感受到了她如父亲一般对女儿的鼓励和鞭策。如果单亲家庭中父母没有办法达成合作，那么我们可以努力让其中一方同时扮演好父亲和母亲两种角色。父亲可以更加耐心、温柔地对待自己的孩子，母亲同样也可以在孩子遇到困难时，教会孩子如何勇敢地去面对。

如果父母觉得自己无法扮演好两种角色，比如"家长留言"中的家庭缺少父亲的角色，母亲担心自己的孩子不够有阳刚之气，自己没有办法给孩子塑造刚毅的性格，不妨利用生活中的男性亲人（比如孩子的外公、舅舅等）来进行补位，让他们带着孩子进行一些户外活动。例如，外公可以带着孩子一起打乒乓球，舅舅可以带着孩子打篮球、玩游戏。随着孩子逐渐长大，父母可以让孩子走出家门，与同伴一起去探索世界，去参加一些属于他们自己的集体活动；或者与同伴一起面对问题，克服困难，解决问题。同样，如果家庭中缺少母亲的角色，可以让生活中的女性亲人（如奶奶、姑姑等）来进行补位。

婚姻的终结，并不影响父母对孩子的爱。只要父母之间学会合作，或是寻找资源，通过角色补位的方式陪伴孩子，孩子依然能够从心灵上感受到自己是被支持的，获得的爱是完整的，在处理问题上也会更有勇气。

 心理教师敲黑板

真正意义上完整的家庭是孩子能够感受到完整的爱，既能够得到来自母亲的呵护、滋养和包容，又能够得到来自父亲的支持、引领和鼓励。孩子是否来自单亲家庭并不重要，但父母是否在孩子面前过度强调单亲的缺失或过度强调单亲的弥补，反而常常成为问题。

相对常见的不是单亲家庭中父母与孩子的关系不稳定，而恰恰是单亲家庭中父亲或者母亲与这个孩子过于亲密。单亲家庭中的父亲或者母亲，能否发展出新的亲密关系，并努力满足自己作为成年人的情感需求，而非过度使用孩子来满足自己的价值感与意义感，会直接影响孩子的心理健康。如果父母能够过好自己的生活，同时给孩子提供一定成长的空间，如此一来，单亲家庭出现的问题便会逐渐减少。

恰到好处的爱——苏州工业园区东沙湖小学积极家庭教育周周谈

今日·小·练习

家长和孩子一起观看电影《当幸福来敲门》。最好的成长，是让孩子感受到爱的力量，同时理解幸福是靠自己来创造的。

16 父母的教育观念不一致怎么办？

父母有不同的观点、不同的看法，甚至不同的状态，这些都会对孩子的成长产生影响。我们应该思考的是，怎样利用这些不同，更好地解决问题，促进每一个孩子的成长。

 家长留言

在教育的问题上，我跟丈夫的沟通不太顺畅，他认为让孩子自己整理书包、做家务之类的生活琐事是没必要的，而我认为孩子的学习成绩只能体现孩子学习方面的能力，良好的生活习惯也是需要培养的。我们俩因此争执许久，但始终无法达成一致意见。孩子可能为此变得比较胆小，没有主见，做事情时常会表现得患得患失。那么，我们究竟该怎么办呢？

 教师回复

这个世界上没有两片完全相同的叶子，父母的教育观念受到各自成长环境、人生经历等方面的影响,因此父母在教育自己的孩子时难免会产生这样或者那样的分歧。我们应该合理地看待这些差异。事实上,没有绝对一样的父母,正是因为父母的差异性才会让孩子的未来有不一样的可能和选择。那么,父母该怎么做呢?

第一,达成有限合作。父母应当优先处理好双方之间的关系,在意见不一致的基础上找到一个平衡点,相互配合。例如,小林的父亲崇尚快乐教育,认为要充分给予孩子自由,任其发展,快乐生活就好。而小林的母亲认为,孩子不能输在起跑线上,因此对小林的学习抓得很紧。由于教育理念的不同,父母之间经常无法正常地沟通和交流,甚至出现冷战的状况,甚至只要讲到小林的教育,夫妻俩就会为此针锋相对。小林也为此变得越来越不安,不断闯祸,喜欢制造麻烦。其实,小林的做法是在转移冲突。因为小林担心父母会吵架,所以他想尽各种办法把父母之间的矛盾转移到自己的身上。

庆幸的是,小林的父母有所察觉,决定先处理好夫妻之间的关系,再去处理他们与孩子之间的关系。虽然父母的理念不同,但归根到底对孩子的爱是相同的。因为有爱,父母可以合作,在理念不一致的基础上找到一个平衡点,努力去发现彼此身上可以合作的资源。例如,小林的母亲发现丈夫热爱运动,小林的父亲发现妻子善于整理,双方约定让小林的父亲每周末带着一家人去跑步,小林的母亲每周五带领一家人一起大扫除。这样既锻炼了身体,又增进了亲子关系。整个家庭的氛围立马融洽了很多,父母双方的一点点改变就可以带动整个家庭的改变。

第二,善用家庭会议。通过家庭会议,父母双方约定底线,尊重孩子的意见,协商处理。小林的父母召开了一次家庭会议,明确了家庭教育的目标。小林也是此次家庭会议的参与者,父母充分尊重小林的意见,和他一起讨论了彼此最在意的是什么。最终小林的母亲列出了家庭中的三条底线:一是小林的父亲每天要带着小林运动1小时;二是小林每天晚上10点必须上床睡觉;三是家庭成员生气时,绝对不可以摔门而去。小林的父亲也认可了这三条底线,这也成为小林家庭共同遵守的准则。家庭中的每个成员都需要多坚持、多出力,共同促成整个家庭做出良性的改变。随后,小林的父母也谈到了今后当孩子在场时会避免产生冲突,双方先达成统一意见后,再在孩子面前表态。这最大限度地避免了父母双方发生争执时对孩子可能造成的伤害。

当父母在育儿的观念上发生分歧时,要互相协商,达成有限的合作,这就是为孩子示范如何有效沟通,达成合作。父母的关系越稳定,孩子越有安全感和幸福感,并在面对成长中的种种困难时,也会更有力量。父母在养育孩子时,形成合力,会使得教育孩子事半功倍。

 心理教师敲黑板

养育孩子,时刻在考验着父母各自的人格成熟度和彼此之间的深度合作能力。当父母关系的亲密程度超过亲子关系的亲密程度时,双方可以先达成一致意见之后,再跟孩子沟通;反之,当亲子关系的亲密程度超过父母关系的亲密程度

恰到好处的爱——苏州工业园区东沙湖小学积极家庭教育周周谈

时,双方中的一方(通常是母亲)就会跟孩子在内心深处结盟,家庭的矛盾会表现为父母教育理念的不一致。这种不一致往往会导致孩子变得无所适从,从而变得胆怯、畏惧。如果想要改善这种关系,就要调整父母关系与亲子关系的位次。

今日小练习

　　1. 家长召开一个家庭会议,针对目前家庭中存在的问题,进行深入探讨,倾听孩子的意见,共同制定家庭准则,并努力执行。

　　2. 家长阅读图书《为何家会伤人》,了解父母关系是家庭的定海神针,是家庭稳定的核心。

17 如何缓和隔代教育的冲突？

"家有一老，如有一宝。"祖辈对孩子的爱，有别于父母对孩子的爱。当隔代教育与亲子教育出现冲突时，父母要坚持科学合理的育儿观念，积极与祖辈沟通，双方分工合作，这就是父母送给孩子最好的礼物。

 家长留言

我们家由我负责孩子的日常起居和学习辅导，奶奶负责买菜、做饭、接送孩子上下学。目前，我们家面临的问题是，我和丈夫与老人的观念有时会起冲突，具体反映在孩子的教育和饮食起居方面。我给孩子立下规矩，告诉孩子做作业要专注，而奶奶不时地进房间给孩子喂食物。我觉得孩子必须自己整理书包，但奶奶还是每天帮孩子整理书包。我也考虑过两家人分开住，但是现实条件不允许。很多时候，我和丈夫不得不依靠老人的帮扶。那么，我该如何缓和隔代教育的冲突呢？

恰到好处的爱——苏州工业园区东沙湖小学积极家庭教育周周谈

 教师回复

在"家长留言"中,这位母亲提出的问题是目前很多家庭普遍存在的有关家庭教育方面的问题。其实,在这个方面没有谁对谁错。从母亲的立场上看,她觉得自己的做法是对的;但是从奶奶的立场上看,她觉得这样做是疼爱孩子的一种表现,也没有错。所以,我们没必要去评判谁对谁错,而是要想办法让两个人站在同一个立场上看待问题。隔代教育就像一把双刃剑,只要打开方式正确,就可以让三代人共赢。那么,父母应该怎么做呢?

第一,学会表达对老人的感谢。 母亲和奶奶在沟通时,可以加上这样几句话,比如"我可以理解您的感受""我可以理解您的想法,您是出于对孩子的关心"。如果母亲先说了这些话,再去跟奶奶分析问题的利弊,那么两个人就站在同一立场上了;相反,母亲一张嘴就是对奶奶的否定,就等于把她推到了自己的对立面,这个时候往往问题是无法处理妥当的。

父母要肯定老人对孩子的爱,孩子的成长不仅需要来自父母的关爱,也需要来自祖辈的呵护。现代作家萧红在回忆自己的童年生活时,提到让她念念不忘的就是祖父的园子,因为园子里是祖父对她包容的爱、无条件的爱,这份自由的、无拘无束的童年时光影响了她的一生,也正是这份爱在她最艰难的时刻给予了她生活的勇气和力量。所以,父母应该看到老人的这种爱也是孩子成长中不可缺少的养分之一,与其排斥不如接纳,带着一颗感恩的心去接受。

第二，适当地表达自己对老人的感谢。我的同事经常对我们说：尽管她婆婆做的饭并不那么可口，但是当她拖着疲惫的身体回到家，有人为她准备好晚饭，这就是一件很幸福的事情。所以，她晚饭前说得最多的一句话就是："婆婆，有您真好啊！"我们可以想象这一句感谢的话给孩子营造的是一种多么温暖、和谐的家庭氛围。父母也可以在节日里买一些小礼物送给老人，不用太珍贵，就是一点小小的心意。其实老人和孩子是一样的，需要得到家庭的肯定。当老人感受到自己在家庭中是有价值的时候，就更愿意和父母成为同一战壕里的"战友"，更愿意配合父母共同养育孩子。

第三，跟老人沟通要讲究方式方法。无论老人在养育孩子方面，跟你的态度是相似的，还是不相似的，甚至是截然相反的，这些都不重要。重要的是，父母与老人要有效沟通，建立合作关系。在沟通时，首先，父母要向老人传递的是"我的状态"，比如当母亲发现孩子做作业不专注，老人不时地进入孩子的房间，给孩子送食物时，母亲可以对老人说："我看到孩子做作业不专注，感到非常地担心和焦虑，害怕他养成不好的习惯。"其次，父母要与老人沟通的是"我的想法"。母亲可以对老人说："我想跟您聊一聊，怎样才能帮助孩子。"最后，父母要向老人表达的是"我的希望"。母亲也可以对老人说："我知道您心疼孩子，担心孩子肚子饿。我们可不可以等他做完作业之后，再给他送食物？""状态—想法—希望"这三部曲，可以帮助我们更好地向老人表达诉求，老人也更易于接受，彼此达成合作。

第四，孩子可以成为沟通的桥梁。母亲可以跟孩子做好约定，让孩子试着跟老人沟通，老人往往会更愿意听孩子的要求。例如,在"家长留言"中,母亲可以和孩子做好约定:"自己的事情自己做,自己的书包自己整理。"孩子也可以直接和老人沟通:"奶奶,同学们都是自己整理书包,班主任也要求自己的事情自己做。今后我的书包由我自己来整理。"当孩子成为父母和老人之间沟通的桥梁时,往往可以事半功倍。

如果父母在和老人的相处中能懂得感恩、做好沟通、与老人达成合作,就能够为孩子营造一个和谐的、其乐融融的家庭氛围,为孩子创造一个阳光、快乐、幸福的童年。

 心理教师敲黑板

每个家庭要有一个主导者。在当代的核心家庭里,如果老人帮忙带孩子,也不得不调整老人的角色。显然,协助者不是主导者。孩子对家里谁最有权威是非常敏感的,因此让孩子在这个问题上明确观点非常重要。

要想让孩子的身心和谐发展,就要让孩子明白家庭里的基本规则,而且规则是爱的一部分,而不是处在爱的对立面。民主家庭的特点不是人人都可以当家作主,而是大家参与讨论规则,然后各司其职。

 今日小练习

1. 父母试着对家里的老人说:"辛苦啦!"
2. 父母试着对自己的孩子说:"我爱你!"

18 孩子对教师有意见，家长该怎么跟孩子和教师沟通？

从心理学角度来看，孩子对教师产生好感，或者产生反感，会对孩子的学习成绩产生截然不同的影响。当孩子对教师有意见时，家长需要帮助孩子疏导情绪，通过沟通解决问题。

 家长留言

孩子今天很委屈地对我说，现在教师不再关注他了。课堂上，他把手举了很久，教师也不喊他起来回答问题。我问他，教师主要喊哪些孩子回答问题呢？他说，学习成绩没那么优秀的！我告诉他，教师要关注整个班级的孩子，如果有的孩子太落后，教师肯定要多关注他们一点。他继续抱怨道，教师也喊其他学习成绩优秀的孩子回答问题，但自己举了很长时间的手，结果教师就直接公布答案了。所以，我可以怎么安抚孩子呢？该不该跟教师沟通呢？

恰到好处的爱——苏州工业园区东沙湖小学积极家庭教育周周谈

教师向孩子们提问

 教师回复

孩子低落的情绪源于他感觉自己在课堂上被忽视了。对于孩子来说,他想在同伴和教师面前表现自己,这是一种积极的上课状态,家长需要对此表示肯定。但在孩子的观念里,认为教师没请他回答问题,是对他的一种忽视,是不喜欢他的一种表现。虽然,孩子的观念符合他所处的年龄段的认知特点,但是长此以往,这种观念对于孩子的学习生活和成长会起到消极的作用,所以这时候家长需要对孩子进行干预和引导。

第一，重新诠释举手的含义。家长可以告诉孩子，举手是一种肢体语言，表示这个问题他已经学会了。如果在课堂上，教师提出一个问题，全班的孩子都回答一遍，那么这样的课堂既没有意思，又讲不了多少知识。所以，教师会精心挑选部分孩子来回答问题。孩子举手回答问题，表示自己已经听懂教师所讲的内容了，而教师需要知道的是，这些内容还有多少孩子不懂，这样才能有针对性地调整他讲课的节奏。

第二，和孩子一起写下在课堂上没有机会发言的原因。首先，可以考虑孩子是不是举手姿势不正确，听课状态不好，等等。其次，从以往的经验上总结原因。家长可以问问孩子："之前回答问题时，老师对你的回答有没有什么好的建议？是不是在语言表达上需要有所提升？"家长可以让孩子把课堂上想说的答案在家里说给他听听，并对此进行评价。如果家长发现孩子确实有以上问题，那么这就是解决问题的好时机。但是如果孩子也思考不出原因，那么这时候家长就可以说："这些都只是我和你的猜测，说不定老师还不知道你因为这些而难受呢？我们不妨明天问问老师？"

第三，做教师和孩子沟通的桥梁。曾经有一名比较内向的女生小美放学后向她的母亲抱怨教师在课堂上不请她回答问题。小美的母亲发现问题后，一边安抚小美的情绪，告诉她教师不请她回答问题是因为信任她，一边鼓励小美将心中的困扰告诉教师。虽然有了母亲的鼓励，但内向的小美一直不好意思开口。于是，母亲主动给教师打电话，询问了女儿在课堂上的一些表现，也反映女儿在学习上遇到了一点心事，希望教师能多关注、多引导小美，让她自己将问题说出来并予以解决。

与小美的母亲沟通之后，教师便时不时地出现在小美旁边，有时与小美说说她的课堂表现，有时与她聊聊家里的琐事。慢慢地，小美的心扉被打开了，她向教师问道："您为什么课堂上都不叫我回答问题？"教师与小美敞开心扉聊了一会儿，小美的心结就此打开了。此后在课堂上，小美依然积极举手发言。

上述案例中，小美的母亲非常明智，她和教师的沟通是温和的，不带有敌意的。她没有直接质问教师："为什么您不喊我女儿起来回答问题？"而是在尊重、信任和理解教师的基础上，抱着和教师交流的态度去请教、询问。在家校沟通的过程中，家长要具体地反馈孩子最近表现和困惑，明确地表达需要教师配合和帮助的地方。

第四，家长和教师持续沟通。沟通其实是没有终点的，家长想要孩子进步，需要持续跟教师沟通。即使是问题解决了，家长也可以向教师表达谢意，别让教师有这样的错觉：问题一丢给教师，家长就可以不管不问了。

课堂上，教师会尽力关注每一个孩子的学习和成长轨迹，在习惯上会注重孩子的课堂纪律、礼仪表现和听课状态。但班级中的孩子众多，有时候在一节课上难以面面俱到，这时候也希望家长可以理解。同时，教师也期待家长尽量站在家校合作的立场上，来询问孩子的课堂表现或者将孩子在家中的学习情况反馈给教师，这样也有助于教师和家长充分了解孩子，为孩子制订初步调整方案，做到家校共育。

家长可以帮助孩子学会换一个角度看问题，分析原因，做孩子和教师沟通的桥梁。同时，家长也可以鼓励孩子主动和教师沟通，学会通过积极沟通来掌握解决问题的技巧。

心理教师敲黑板

沟通的背后是人际关系。关系好的人之间,可以直接表达,无须注意太多沟通技巧,因为关系是一切沟通的基础。所以,这个问题看似是家长如何帮助孩子与教师实现沟通,但从本质上讲是家长如何协调孩子与教师的关系。当然,这其中也涉及亲子关系的问题。因为当孩子可以尝试在亲密的亲子关系中表达自己的失望时,他们就可以在其他关系中尝试表达自己的失望,并在内心坚信,自己不会真的被抛弃。

 今日小练习

1. 家长可以尝试换个角度看问题——遇到问题时,请孩子写一写他认为的问题出现的原因。

2. 家长可以和孩子一起阅读图书《自卑与超越》,让孩子明白一个道理:每个人或多或少都有自卑感,自卑可能让人一蹶不振、放弃自己,但自卑也能成为让自己变得更好的原动力。

恰到好处的爱——苏州工业园区东沙湖小学积极家庭教育周周谈

19

在两孩成长中，家长怎么做到公平？

手足竞争是两孩、三孩家庭无法回避的问题。手足竞争会对孩子的内心造成深远影响，这种影响会给孩子带来历练和成长。但是家长可以从中调节，让每个孩子都感觉到他们对自己的重视和爱。

家长留言

那天下班回到家，我看到了很夸张的一幕——两个女儿在地上互相拉扯，大哭大闹。后来，我才知道，原来是我给大女儿买了轮滑鞋，小女儿却没有。大女儿已经上小学一年级了，可以穿轮滑鞋玩，但小女儿才读幼儿园小班，让她穿轮滑鞋很容易扭伤。我跟小女儿解释了一番，她就是不听，一直哭喊着说："姐姐有轮滑鞋，为什么我没有？"大女儿感到很委屈，抱怨自己总是被小女儿"欺负"。其实，自从小女儿出生后，我平时很注意公平对待两个孩子，但有时真的没办法做到绝对公平。我应该如何做才能公平对待两个孩子呢？

教师回复

在"家长留言"中,我可以看到这位母亲想要把爱、时间、精力平均分成相同的两份给两个女儿,但现实中没有绝对的公平。养育两个孩子,并不是要家长将自己全部的爱平均分给孩子。所谓"一碗水端平",是指家长处理事情公平,不会偏袒任何一个孩子。家长对待每个孩子都要在尊重每个孩子不同性格的基础上,让孩子感受到家长的关注和爱护,这才是家长应该努力的方向。

有些家长会觉得生了二宝,对大宝是不公平的,但其实温暖和谐的家庭氛围是有助于两个孩子建立亲密的手足关系的。家长生了二宝,不光不会减少对大宝的爱,还会让大宝体会到分享、付出、理解、体谅等美好品质,这都是独生子女无法体会到的,是他们成长过程中宝贵的精神财富。那么,家长该怎么做呢?

第一,家长需要正确看待两个孩子之间的不同个性,尊重孩子的需求。 如果家长对待两个孩子采用完全一样的养育模式,其实也是另一种意义上的不公平。例如,两个孩子中大宝爱看书,二宝爱运动,家长面对大宝总担心他运动不够,面对二宝又怕他不爱看书。因此,在家里用同一套标准去要求两个孩子,在这样的家庭模式下长大的孩子确实感受不到家长对他们独特的关注和爱。我们需要尊重两个孩子的差异,这比绝对的公平更重要。如果大宝爱看书,母亲就可以挑选周末的一个下午,陪着大宝一同去书店,挑选书本,共同阅读;如果二宝爱运动,父亲就可以在周末陪着二宝进行他喜欢的运动，来一场运动"竞技"比赛。在学校教育中，我们常说"因材施教"，其实在家庭教育中，也同样适用。平时，家长在买玩具的时候，尽量买两份，避免两个孩子产生争抢的行为。在这个案例中，母亲可以寻找小女儿喜欢的活动，不一定是轮滑，并为小女儿另外准备一份礼物。

第二，家长要优先满足大宝的需求。 二宝出生后，如果全家人都把精力放在二宝身上，会让大宝认为家长不喜欢自己了，二宝把原本属于家长的关注和爱护都"抢"走了，大宝就会把二宝当作竞争者来看待。家长要优先满足大宝的需求，这可以让大宝感受到，虽然家里有了新成员，但家长还是像之前一样关注和爱护他。例如，在陪伴大宝的过程中，二宝睡醒后开始哭闹。这时候，大宝不允许母亲去抱二宝，母亲应当怎么做呢？母亲可以询问大宝："你是不是怕我抱了二宝就冷落了你？那我抱着你去看二宝，好不好？"同时，在照顾二宝时候，家长也可以拿出大宝小时候的照片，告诉大宝："你小的时候，全家人也是这样尽心尽力照顾你的。"在满足大宝需求的同时，家长也要兼顾二宝的养育工作。

第三，创造和大宝独处的机会。 家长可以安排一个固定的时间段来陪伴大宝。例如，父亲可以在周末安排半天时间陪伴大宝玩探险游戏、下棋、捉迷藏。我的一位同事在二宝出生后，一直保持在周六的晚上单独带大宝看电影、吃饭、聊天的习惯。家长单独创造和大宝独处的美好时光可以缓解大宝因为二宝的到来而产生的低落情绪，增进家长与大宝的情感交流。在二宝办满月酒、百日宴的时候，我的同事会陪伴大宝回顾他小时候的美好时光，给大宝看他小时候的照片和视频，让大宝觉得二宝是跟随自己的脚步长大的。当爷爷奶奶来看二宝的时候，他们也可以分别为两个孩子准备不同的礼物。

第四，让大宝感受到家长对他独特的关注和爱护，虽然家里有了新成员，但是家长还是像之前一样疼他、爱他。家长尊重两个孩子的不同，让两个孩子都能感受到家长独特的关爱。家长不要总是想着如何避免大宝和二宝之间发生矛盾，适当的冲突能够帮助孩子增进感情，让他们提前学会如何与人相处。

 心理教师敲黑板

我曾经见过一些多子女的家庭，在这个环境中，每个孩子都觉得家长最爱的不是自己；我同样见过一些多子女的家庭，在这个环境中，每一个孩子都觉得家长最爱的是自己。在后一种家庭里，家长看到了每个孩子的不同，并且有能力让每个孩子都感到自己得到了家长那份与众不同的爱；而在前一种家庭里，每个孩子都觉得自己受到了冷落，这往往是因为家长自身的爱相对比较匮乏，他们不但无法自然地给予爱，而且还往往需要从孩子那里获得很多的爱护和照顾。如果家长一味地要求两个孩子互相谦让、互相包容，一旦过度，就是以一种变相的方式去要求孩子不给自己添麻烦。

恰到好处的爱——苏州工业园区东沙湖小学积极家庭教育周周谈

 今日小练习

1. 家长和大宝共同阅读绘本《我要当哥哥了》。
2. 家长跟孩子讲一讲自己与兄弟姐妹相处的故事。

第三部分

做孩子的生活教练

1

孩子生活习惯不好，这个问题严重吗？

俗话说："熟能生巧。"孩子如果能获得更多的机会参与家务劳动，就会更容易养成良好的生活习惯。从长远的角度来看，孩子学会有序摆放物品，养成分类整理物品的习惯，不仅有利于他们学习能力的提升，也对他们的人生有着积极的意义。

家长留言

孩子每天放学后都能主动、高效地完成作业。但是，孩子不会整理书桌，经常把练习本、笔、橡皮等文具扔得到处都是。我曾经手把手地教过他整理自己的物品，孩子也想做好，但总是事与愿违。他要么把物品全部堆叠在一起，要么就只收拾当下要用的物品。因此，孩子的书桌上经常摆满了各种各样的文具和书籍，显得十分杂乱无章。那么，孩子生活习惯不好，这个问题严重吗？

恰到好处的爱——苏州工业园区东沙湖小学积极家庭教育周周谈

孩子的书桌上堆满了各种各样的文具和书籍

 教师回复

  家长帮助孩子养成良好的生活习惯，引导孩子学会有条理地摆放和整理自己的物品重要吗？我认为挺重要的。从现阶段来看，随着年级的升高，孩子所学的科目越来越多，到了初中时，孩子需要掌握多门功课，而他们收到的书本、讲义、练习册、试卷等也会越来越多。不会整理物品的孩子常常忘记把作业带回家，或者忘记把作业带来学校。当教师讲评作业时，这类孩子经常找不到作业，十分影响他们的学习。从长远来看，一个人做事的顺序性和条理性严重影响工作的效率和成果。从"家长留言"中，我看到孩子对待学习非常有责任意识，既主动又高效，但不会有条理地摆放和整理自己的物品。而我相信，只要用对方法，孩子在学习上表现出来的优秀品质也可以迁移到养成良好的生活习惯上。那么，家长应该怎么做呢？

第一，接纳孩子不擅长整理的事实，从"零"开始陪伴孩子学习整理物品的方法，关注孩子在整理方面的点滴进步，并给予积极评价。其实，孩子在两三岁时就会产生极其强烈的"像母亲那样收拾"的愿望，如果家长在这个时期顺势培养，那么孩子很容易养成良好的整理习惯。但如果没有抓住这样一个关键期去培养孩子，就需要家长花更多的时间和精力来与孩子一起弥补这方面的不足。此时，虽然孩子已经长大了，但是家长要接纳他在整理物品这个方面还是"一张白纸"的事实，同时也要做好心理准备——孩子可能会抗拒去做整理物品的工作，耐心且持续地陪伴孩子一起学习整理物品的同时，教给孩子具体的整理方法。首先，家长应教会孩子减少物品的数量。东西越少，越好整理。在整理之前，家长可以帮助孩子筛选，丢弃不需要的物品，只留下必需品，以便降低整理的难度。其次，家长应告知孩子先分类，再整理。家长可以引导孩子借助一些工具进行整理，比如使用透明的文件袋、选择合适的收纳工具、运用可视化的标签对物品进行有序存放。家长也可以让孩子养成定期整理的良好习惯，引导孩子安排一个固定的时间段进行整理。最后，家长应引导孩子学会体验良好的环境氛围。在整理工作完成后，家长可以让孩子在干净整洁的环境中体验舒适的感受。

第二，让孩子参与家务活动，避免凡事让家长代劳，让孩子在劳动的过程中学习整理的方法，并产生成就感，直到养成良好的习惯。上述这个案例不禁让我想到了自己的女儿学习整理物品的过程。当我发现自己整理物品的速度跟不上女儿乱放物品的节奏时,我决定把她变成"同盟军",让她与我一起完成整理物品的工作。最初,当女儿面对扔得到处都是的玩具和书本时,她总会情绪崩溃,并固执地认为根本不可能把那些乱七八糟的物品都整理妥当。于是,我给女儿划分了一块区域,她只需要负责整理她的玩具桌——把原本放置在桌子上的玩具一一找回来,放到正确的位置上,而把其他地方的物品整理工作交给我来处理。一切安排妥当后,女儿便着手处理起来。一会儿的工夫,要整理的物品数量变少了,整理的难度一下子就降低了,孩子做事的积极性明显高了许多。之后,女儿看着整理好的房间,她的内心充满了成就感。我连忙趁热打铁,使劲夸她是个好帮手,她表示以后还愿意和我一起整理房间。我话锋一转,又装作很累的样子,告诉她房间整理妥当以后观感很好,可每次整理工作都十分繁重,而且我又要上班,不可能每天都有时间整理,希望她能想一个省时、省力的办法,她很快就想到了用完物品后及时将物品放回原处的好办法。也许是因为参与了劳动的过程,体会到了劳动的艰辛,她慢慢形成了从哪里拿的东西放回到哪里的好习惯。这样家里基本可以保持一周整理一次物品的频率。每到周末,我们全家动手做家务,女儿负责的区域也由一张桌子变成了一个房间,有时她还会主动帮忙整理其他区域。女儿的班主任也常常表扬她会整理、会收纳。家长可以设法让孩子参与家务活动,并将整个家划分为若干个区域,实行区域负责制,即私人区域自己负责,公共区域分工合作。孩子只有经常参与家务活动,才能在实践中不断提升能力。

　　接纳自己的不完美是孩子愿意做出改变的重要前提,当孩子看到家长能够坦然地接受自己某些糟糕的生活习惯,孩子内心的焦虑感与急躁感会大大降低。而陪伴和鼓励则给了孩子改变的底气,让孩子在学习的过程中能够得到更加有力的支持。

心理教师敲黑板

在帮助孩子学习一些生活技能的时候,家长请不要忽视了花时间训练这种方法。我们很多时候期望孩子会收拾房间,却发现虽然孩子已经收拾了,仍离我们的预期目标很远。

在孩子不擅长的方面,家长需要一步步地引导孩子花时间训练。例如,家长可以先一边做一边给孩子讲解,再和孩子一起做,然后让孩子自己单独做,家长在一旁监督。

但即便是这样,家长也不得不承认:有些人就是擅长收拾,而有些人的生活空间就是杂乱无章。后者有他的优势,比如更富有创新精神、更随性自在……家长只有接纳孩子的特点,自己的焦虑感才会随之减少。

今日小练习

1. 家长和孩子一起阅读图书《了不起的居住者》。整理和收纳不是简单地扔东西、归置物品,而是一个决策和判断的过程,这不仅是个人对物品的一次取舍,也是审视自己人生的一次机会。

2. 家长和孩子一起先丢弃不需要的物品,再进行分类整理,并倾听孩子整理完后的感受。

恰到好处的爱 —— 苏州工业园区东沙湖小学积极家庭教育周周谈

2

孩子遇事不急,家长总是着急上火怎么办?

孩子的成长,本身就是一个需要倾注耐心和爱心的过程。家长需要给孩子一片爱的沃土,并且坚信孩子有时就像缓慢爬行的小蜗牛,虽然爬得慢,但一定能爬得很远。

 家长留言

> 我们家孩子上小学三年级了,每天早上起床要催好几遍,刷牙、洗脸也是磨磨蹭蹭的,吃饭的时候还要玩一玩电话手表,而且他总是踩着点到校,有时还会迟到。晚上回家,虽然孩子的作业不多,但是他也依然会写到很晚。我们每天都很着急,不停地催促他加快做作业的速度,但有时我们催得多了,就会控制不住情绪,还会和孩子吵架。我们每天都生活在焦虑之中,跟孩子的关系也变得紧张起来。那么,如何让孩子提高做事效率,缓和我们和孩子之间的亲子关系呢?

家长维持与孩子和谐的亲子关系

 教师回复

孩子是"慢性子",一般来说,原因有两点:一是与生俱来的品性,比如黏液质的孩子神经系统中安静、稳定的因素偏多,外在表现为做事慢条斯理;二是后天形成的品性,比如家长的催促和代劳,使孩子养成了拖延的习惯。由此可知,孩子做事情慢,并非故意为之。俗话说:"尺有所短,寸有所长。"我们要接纳:不是每个孩子都是兔子,自己的孩子也有可能就是那只慢吞吞的小蜗牛。那么,家长应该怎么做呢?

第一,引导孩子自觉承担拖延的后果,使其获得学习和成长的机会。孩子作为一个独立的个体,需要自己主动做事情,并承担相应的后果。

每天早上起床后,我们可以尝试放手让孩子自己做事情,家长只做自己的事情,不必时刻提醒孩子遵守时间。这样做的后果可能是孩子磨磨蹭蹭地洗漱,最后导致上学迟到,遭到教师的批评。孩子可能会心情不好,甚至回来之后抱怨家长。当孩子开始抱怨时,家长可以正确引导:"我知道你今天迟到了,一定很难过,我很理解你。如果你想要明天不迟到,我们可以提前规划好要做的事情。我可以帮助你,但是上学是你自己的事情,需要你自己承担后果。"

第二,运用合理的逻辑推断帮助孩子提高做事效率。我们可以跟孩子一起制作"起床惯例表",一一列出孩子起床后需要做的事情,比如穿衣、整理床铺、洗漱、上厕所、吃早餐等。家长可以引导孩子估算每件事需要花费的时间,计算孩子从起床到出门上学总共需要花费的时间。例如,明明的母亲跟明明计算出,从起床到出门上学总共需要花费30分钟,于是跟明明约定:"每天早上6点半起床,7点出门。如果你能准时出门,我可以开车送你去学校。但是如果你来不及跟我一起出门,那么你只能自己去学校,因为我还有自己的工作安排。"由于有了这个约定,明明需要在起床后的30分钟里,学会合理分配时间,否则就得自己承担磨蹭带来的后果。

刚开始施行计划时,明明依然表现得十分拖拉,有时没来得及刷牙就去上学了,结果被同学嘲笑嘴巴有异味;有时来不及吃早饭,一上午饿得肚子咕咕叫;有时早上7点没来得及跟母亲一起出门,只能自己步行去学校,结果迟到了很长时间。

因为经历了一次次的挫折,体验了一次次的后果,明明认识到了提高做事效率的重要性,不断地练习合理安排起床后的时间,终于在一段时间过后,能够有条不紊地完成起床后的每一件事情,准时跟母亲一起出门。

家长和孩子一起为具体的行为设立一个边界,给孩子一个时间节点,让孩子自主安排行动。在约定时,家长要思考这个约定的可行性;在执行时,家长要坚定地履行约定,给孩子充分的时间和机会去锻炼他们的能力。

家长要放手让孩子自己做事情,让孩子自己感受每一件事所带来的影响,这样可以帮助孩子从内心认识到提高做事效率的必要性,在家长的引导下,学会选择,学会分配时间,学会对自己的行为负责。

心理教师敲黑板

按时起床、准时到校、完成作业和学习任务……这些事情是家长的课题,还是孩子自己的课题?阿尔弗雷德·阿德勒的心理学理论中有一个非常重要的概念,叫作"课题分离",即把自己的课题和别人的课题分开来,且不干涉别人的课题。

当家长总是不停地催促孩子,一看到孩子做事情拖拉就焦虑的时候,实际上是把上学、做作业看成自己的课题,因而妄加"干涉"。但这样的方式并不能帮助孩子发展出自我管理的能力,而是应该让孩子从体验后果中去学习,把孩子的课题还给孩子,把自主权赋予孩子,让他们有权力面对自己的生活,并相信他们可以从错误中学习。

恰到好处的爱——苏州工业园区东沙湖小学积极家庭教育周周谈

今日小练习

1. 家长和孩子一起制作"起床惯例表",并一一列出孩子起床后需要做的事情,估算从起床到出门上学所需要花费的时间。

2. 家长和孩子一起阅读《慌张先生》,并让孩子对时间产生感性认识,培养守时的品格。

3

孩子做事经常出错，还缺乏生活自理能力怎么办？

生活自理能力是适应社会生活最基本的能力之一。生活自理能力强的孩子性格会更加独立，在面对困难与挫折时，也会更加勇敢。

家长留言

> 我们家孩子10岁了，照理说，应该具备基本的生活自理能力了，但是现在孩子自己倒水容易洒、拎东西容易掉……我们也分析过原因，可能是孩子从小和奶奶生活在一起，平时衣、食、住、行都有老人照顾，这才导致孩子自理能力差。作为一个不会做饭的母亲，我可能自己也得检讨，没有给孩子做好榜样。那么，如何让孩子在生活自理能力方面得到应有的锻炼呢？

恰到好处的爱——苏州工业园区东沙湖小学积极家庭教育周周谈

  教师回复

从"家长留言"中,我们可以看出孩子的生活自理能力不足,原因可能是奶奶对孩子的生活大包大揽,使孩子缺乏锻炼的机会。生活自理能力的培养是一个漫长的过程,无论从何时做起都不算迟。父母在亲子教育中应当重视对孩子生活自理能力的培养,并做好长期的计划。

具体而言,父母可以从以下两个方面来帮助孩子提升生活自理能力。

第一,勤做家务,为孩子树立榜样。母亲可以找到自己愿意做的家务或是相对擅长的家务,并不断精进自己做家务的能力,同时请孩子帮忙记录母亲在生活能力方面的成长,夸奖母亲的进步。孩子是父母的一面镜子,"家长留言"中的母亲如果想让孩子的生活能力真正得到锻炼,可能需要从自身做起,给孩子树立榜样。家务的种类很多,比如买菜、洗菜、刷碗、拖地、收纳……虽然这位母亲不会做饭,但并不代表她所有的家务都不会做。这位母亲可以从众多的家务中选择一个自己比较喜欢的,或者比较擅长的,并坚持做下去。

我身边就有这样一位母亲,她从小被照顾得很好,结婚后,婆婆也一直帮忙照顾家庭,她几乎没有做过家务。但突然有一天婆婆生病住院了,丈夫要上班,还要去医院照顾婆婆,家里大大小小的事情都落在了这位母亲身上,很少做家务的她一时间变得手忙脚乱。有了这样一次经历后,这位母亲认识到了依靠自己的重要性,同时也为了更好地照顾孩子,给孩子树立榜样,她决定提升自己做家务的能力。虽然这位母亲并不精通家务，但是她善于学习，通过网络和书本学习到了很多生活技巧，如：如何挑选新鲜的蔬菜，如何收纳家中的杂物，如何制作糖醋排骨，等等。虽然她一开始做的时候总是出错，但是熟能生巧，时间久了各种家务她也能做得有模有样了。只要父母有决心，总能找到自己擅长的家务，即使做不好，也能通过练习获得提高。

第二，邀请孩子分担家务。在我们身边有很多类似"家长留言"中提到的情况，因为三代同堂是目前很多"80后""90后"双职工家庭的现状。"家有一老，如有一宝"，也是这些家庭的真实写照。为了解决儿女的后顾之忧，很多原本应该安享晚年的老人成了儿女家中的"顶梁柱"，他们承担着照顾全家人饮食起居的重任。老人越是任劳任怨，那么原本应该承担家庭责任的男、女主人的生活能力可能就会变得越来越弱。若要培养孩子的生活自理能力，首先就是要让老人尽量放手，避免老人大包大揽。父母可以找机会郑重地感谢老人把全家人都照顾得很周到，但是也要让老人明白做家务对于孩子来说很重要，不仅能够提升孩子的自理能力，也能够发展孩子的大脑，对孩子未来的生活也有重要的意义，所以接下来在家务上要做好合理分工，一家人共同参与。

当父母参与家务之中，而老人也愿意给全家人"让位"时，我们可以邀请孩子加入做家务的行列中来。全家人坐下来，根据每个人的爱好和优势制作一张详细的家务分工表。例如，晚饭后，奶奶去跳广场舞，母亲洗碗，父亲拖地，孩子扔垃圾，一家人一起分担家务，这样既能够减轻老人一个人做家务的负担，营造和谐的家庭氛围，又能够锻炼孩子的生活自理能力，一举多得。

恰到好处的爱——苏州工业园区东沙湖小学积极家庭教育周周谈

父母和孩子参与家务劳动

俗话说："父母是孩子最好的老师。"母亲的日益进步一定会给孩子带来正面的影响，在一定程度上帮助孩子增强做好家务的自信心。全家人共同分担家务，能够让孩子明白每个人对家庭生活都负有责任，在劳动的过程中能够得到更多的锻炼，提升孩子的生活自理能力。

心理教师敲黑板

孩子独立，生活能够自理，这是每个家长都希望孩子能够具备的能力，但是家长常常没有意识到，自己的养育方式和自己的养育目标是南辕北辙的，因为大包大揽、过度代劳，这样的养育方式没有给孩子独立品格的发展、生活自理能力的提升创造机会，但这些品格和能力并不会凭空出现，需要家长对孩子予以正确的引导和培养。

家长在头脑中要对自己的养育目标有着清醒的认识，并常常检视自己的养育方式是不是服务于自己的养育目标，这一点非常重要。

 今日小练习

1. 家长和孩子一同绘制一张家务分工表，并和孩子一起享受劳动的快乐吧！

2. 家长和孩子一起阅读图书《培养孩子从做家务开始》，让孩子明白一个道理：做家务既能够培养细心的品格，又能够锻炼做事的能力。

恰到好处的爱——苏州工业园区东沙湖小学积极家庭教育周周谈

4

家长与孩子什么时候分房睡觉合适？孩子不愿意怎么办？

家长与孩子分房睡觉也许会让孩子感到挣扎和痛苦，但只有经历了这样的痛苦，孩子才能获得更高级别的安全感，减少对外部世界的恐惧感，对所处的世界多一些信任。带着这种安全感，孩子在面临困难和问题时就多了一些信心。

 家长留言

> 我的女儿上小学一年级了，按理来说，早就该和我们分房睡了。可是她一直不愿意一个人睡觉，我和她父亲跟她商量了很久，她也只是早上嘴上答应了，到了晚上，又赖在我们床上不走了。我们陪在她身边等她睡着后，悄悄离开，可她醒来后又马上跟了上来。那么，像这种情况，我们该怎么去跟女儿沟通，让她一个人睡觉呢？

教师回复

大部分孩子在 3 岁时开始出现自我意识,这时一些独立能力较强的孩子,很容易接受自己要和家长分房睡觉的这件事,并且还会充满期待。这时,家长顺势可以告诉孩子:"恭喜你,终于有自己的房间了!"孩子在 3 岁时完成分房睡觉的目标会比较顺利。但随着孩子年龄的增长,分房遇到的困难可能会更多,比如"家长留言"中的女儿就不愿意接受与家长分房睡觉这件事。这时,家长不要过于着急,要给孩子一个适应的过渡期。

第一,和孩子约定一个分房睡觉的时间,并为之做一些准备。 家长可以和孩子约定一个分房睡觉的时间,如果孩子不愿意参与商量,家长可以商量好后告知孩子他们的决定即可。建议家长与孩子约定分房睡觉的时间不要设定在"幼儿园入园""一年级入学"等关键期,以免孩子既要应对适应新环境的压力,又要适应分房睡觉的现状。完成约定之后,家长可以让孩子挑选自己喜欢的床上用品,和孩子一起布置房间,告诉孩子这是属于他自己的小空间,为分房睡觉做准备。在过渡期的时候,家长还要引导孩子养成规律的睡觉习惯,并做好睡前准备活动。比如家长可以和孩子一起设定每天晚上的上床时间和每天早上的起床时间。有规律的作息时间,可以让孩子更容易入睡。而有规律的睡前准备活动,比如洗澡、换睡衣、喝牛奶、讲睡前故事等,可以帮助孩子尽快适应分房睡觉。

家长帮助孩子适应分房睡觉

第二,举行分房仪式,做好睡前仪式。娜娜的母亲是这样做的:给孩子准备一个小礼物,祝贺孩子可以独立睡觉了。睡觉之前,娜娜的母亲给了孩子一个温暖的拥抱,然后会留下来给孩子讲睡前故事,讲完后亲吻孩子的额头,跟孩子说晚安,再悄悄离开孩子的房间。当孩子开始独自睡觉时,家长可以每天在睡前陪孩子坐在床上聊天,分享一天的经历;家长也可以给孩子讲睡前故事,陪伴孩子入睡以后再离开。这段经历将会是孩子人生中最幸福的回忆之一。等孩子习惯分房睡以后,家长可以再视情况减少陪伴的时间、频率。

第三,温柔而坚定地帮助孩子执行分房睡觉的计划。在分房睡觉之后,孩子很容易产生焦虑感,在其行为上可能会出现问题,如:赖在家长的床上不走,或者半夜跑到家长的

第三部分　做孩子的生活教练

房间,甚至又哭又闹不肯独自睡觉,等等。这就非常考验家长的耐心和定力。当孩子情绪激动时,家长可以抱抱孩子,安抚孩子的情绪,待孩子情绪稳定后,坚定地把孩子送回他自己的房间,让他在自己的床上睡觉。家长如果能够做到和善地接纳孩子的情绪,坚定地执行分房睡觉的计划,那么孩子一定能够从父母的态度和行为上感受到父母的决心,从而尽快适应独自睡觉。

睡前仪式可以让孩子感受到家长的关爱,获得充足的安全感,不再担心与家长分房睡觉。分房睡觉能够帮助孩子进一步理解亲密关系,意识到家长也需要享受"二人世界",学会理解家长的需求,从而把兴趣从家庭转向外部世界。

心理教师敲黑板

每一个个体从最早在母亲肚子里孕育的那个小生命,到成长为一个能够独自在社会上立足,并能够建立新的依恋关系的成年人,其实这是完成了一项很重要的人生任务,那就是分离与个体化。分离是指孩子能够把自己与家长及世界上的其他人分开,而个体化是指作为一个独立个体存在和发展的过程。在这个过程中,与家长分房睡觉,是一个重要的里程碑,而孩子出现"分离焦虑"也是非常正常的现象。为了支持孩子在成长道路上又往独立迈进一步,建议家长和善而坚定地帮助孩子度过这个阶段。

恰到好处的爱——苏州工业园区东沙湖小学积极家庭教育周周谈

今日小练习

1. 家长做好睡前仪式，和孩子一起分享一天的经历，为孩子讲一个睡前故事吧！

2. 家长和孩子一起读绘本《我不想一个人睡》，让孩子在小老虎派派跟父母分床睡的故事中获得共情，释放自己的恐惧和焦虑，也学习到独自睡觉时辅助入眠的方法。

3. 家长阅读图书《父母：挑战》，了解孩子的生理和心理特点。

5 面对"熊孩子"的危险行为，家长该如何引导？

家长面对"熊孩子"的危险行为，打骂并不能解决问题，只能宣泄家长的负面情绪。家长在教育孩子时，也要进行自我提升和自我教育。

家长留言

平时浏览新闻，我经常会看到"熊孩子"，特别是男孩子喜欢模仿危险的动作，比如前段时间看到新闻上有两个男孩子在没有任何防护措施的情况下在一栋高层住宅的楼顶跳跃，场面十分惊险。有很多评论留言说，这些"熊孩子"必须被"一顿暴打"，才会变乖。作为家长，我很担心这类事情会发生在自己孩子的身上。那么，我该如何给孩子做好安全教育呢？

教师回复

面对"熊孩子"的行为，我们先要试着想一想，他们做出这一举动背后的原因是什么？我认为，主要原因可能是"熊孩子"内心有一种冒险的愿望，渴望通过一些冒险的行为，证明自己的能力。爱冒险是孩子的天性，同时也是创新的需要。当孩子因为富有冒险精神，而做出冲动的行为时，家长的呵斥和打骂是不起作用的，打骂只会让孩子对家长生气时的样子感到恐惧，反而不会促使孩子反思事情本身的错误。那么，家长究竟应该怎么做呢？

第一，给孩子创造思考和体验的空间。面对孩子做出危险的行为时，家长可以仔细观察：如果发现孩子经常渴望尝试一些冒险的活动，家长可以帮助孩子在有安全措施的保护下，进行一些冒险探索，比如攀岩、蹦床、去野外爬山之类的活动，这样可以满足孩子爱冒险的愿望。

家长陪伴孩子去野外爬山

"家长留言"中的"熊孩子"做出在楼顶跳跃这一举动时，也许并没有意识到自己的行为有多么危险，以及这个行为可能带来的后果。家长可能认为自己已经教育过孩子了，可是孩子不听劝，他们也束手无策。家长在给孩子进行安全教育时，相对于说教，还不如为孩子创造更多的思考和体验的空间。我的一位同事给我们讲了一个故事，有一个孩子喜欢把东西从四楼教室往下扔。刚开始，孩子扔的是纸飞机，他喜欢从楼上观察纸飞机的飞行情况。后来，这个孩子又把花盆直接往下扔。教师教育了他很多次都没有用。后来，我的同事带着孩子一起看了一些视频，让他学习了重力学的知识，还亲自带他一起做了一个简单的实验。通过实验，这个孩子明白了自己往楼下扔东西的行为给别人带来了很大的危险。后来，这个孩子再也没有往楼下扔过东西了。事实上，有很多道理对孩子来说很难理解。因此，想要孩子对危险有更深刻的认识，家长可以在保证安全的前提下带孩子一起探索、一起体验。

第二，引导孩子学会对自己的行为负责，对他人的安全负责。我曾经看过两个故事，一个"熊孩子"在电梯里面撒尿，直接导致电梯线路短路无法运转了。邻居知道后，就在微信群里建议家长一定要回去好好教训"熊孩子"。父亲知道后，晚上回家在群里发了一段话：非常抱歉，各位邻居！"熊孩子"已被教训，并且附上孩子被打的照片。另一个"熊孩子"从楼上把黑色的墨水往下倒，导致楼下邻居的玻璃上全是墨水。父亲晚上带上孩子一家一户登门道歉，并且让孩子在家中做家务挣零花钱，然后请清洁工为楼下邻居擦玻璃。这两个例子也许会给我们一些启发：家长让孩子学会用行动对自己的行为负责，为自己的行为善后，也许比打一顿效果要好。

家长给孩子创造思考和体验的空间，在实践中带领孩子用行动对自己的行为负责,而不是凡事替孩子做决定,或者替孩子负责,那么孩子在做决定之前也许就学会了先评估再行动,评估自己的行为是否会给自己、他人、集体造成伤害,再决定自己采取什么样的行动。

 心理教师敲黑板

从进化心理学的角度来说,每一个生物种群里既有冒险的激进者,又有胆小的谨慎者,这样的生物多样性有利于物种的延续。很多孩子都有尝试危险和刺激的天然心理需要。如果没有体验安全冒险的机会,有些孩子还有可能做出更极端的冒险,比如打架、酗酒、吸毒等。

因此,家长如果看到孩子喜欢尝试危险动作,喜欢冒险,既要尊重孩子的天性,看到其中积极的部分,又要懂得因势利导,毕竟每一个挑战都是学习的好机会。运用启发式提问引导孩子思考,和孩子一起去探究危险行为的后果,都是很好地将挑战转化为学习机会的办法。

 今日小练习

1. 家长和孩子一起阅读图书《老人与海》,感悟只有坚定信念、不断思考,才能在人生的困境中勇敢前进。

2. 家长和孩子一起观看电影《芬奇》。该影片可以启迪人们思考,引导人们珍惜生态环境,学会守护人与人之间的爱与信任。

6 孩子花钱大手大脚怎么办?

当我们内心感到孤独时,总想利用一些物质来填充自己。孩子也是这样,总觉得生活中缺了什么。其实,孩子欠缺的是爱。家长如果能从最开始就积极建立和孩子的亲密关系,做好示范工作,培养孩子良好的金钱观和支配金钱的能力,也许孩子就不会陷入物质的泥潭里。

家长留言

我们家孩子上小学二年级了,由于家里的经济条件尚可,因而我们对孩子的物质要求基本上都是满足的。于是,孩子买任何东西完全不看价格,想要什么就必须得到。如果我们不同意,孩子就会不开心,甚至会大声哭闹。而一旦孩子得到了想要的东西,没多久就会厌倦,于是又开始买新的东西。面对这样大手大脚花钱的孩子,我们应该怎么办呢?

恰到好处的爱——苏州工业园区东沙湖小学积极家庭教育周周谈

 教师回复

当家长对孩子的消费习惯没有做出正确的引导时,孩子自然会形成不合理的消费观,如:过度消费,不珍惜轻易得到的东西,等等。在这种情况下,家长恰当的引导就显得非常重要了。

第一,准备几个不同用途的存钱罐,教会孩子储蓄。子涵的母亲是这样做的:她给子涵准备了3个不同的存钱罐,孩子可以把自己的零花钱分别放在3个不同的存钱罐里。第一个存钱罐里的钱用于日常开销,主要购买在超市和商店里看到的必需品;第二个存钱罐里的钱用于短期储蓄,主要购买比较贵重的物品;第三个存钱罐里的钱用于长期储蓄,主要作为教育资金,购买学习课程。为了鼓励子涵存钱,子涵的母亲以子涵的名义在银行开了一个账户。当子涵在存单或存折上见到自己的名字时,他感到自己长大了,应当合理使用金钱了。所以,家长可以让孩子使用存钱罐,或者给他在银行开户,让孩子养成定期存钱的好习惯。

子涵的母亲为子涵准备了3个不同的存钱罐

第二，教会孩子合理消费，购物之前做好规划。家长首先要有一个合理的消费观，秉承勤俭节约的传统，让孩子适当参加讨论家庭开支的会议，为孩子做好示范，培养孩子合理支配金钱的能力。子涵的母亲每周会给孩子 50 元钱，让孩子自由消费，如果孩子把零用钱用完了，她不会额外再给。渐渐地，子涵学会了买东西之前先想一想，这个东西是不是必须要买，价格是不是合理的。子涵还会每周提前规划，列好愿望清单，周末购物前会对照愿望清单，在决定购买的物品前画钩，做到有计划地购买物品。如果子涵把当月的零用钱提前花完了，他还需要购买其他物品，会向母亲提出申请，并说明理由，再由母亲决定给不给他零用钱。母亲还教会了子涵记账，每个月花费的金额都一目了然。这样子涵就知道钱到底花到什么地方去了，也会明白哪些钱花得值得，哪些钱花得不值得。

第三，创造机会，带领孩子体验挣钱的不易。一次，我在小区的微信群里看到一则非常有意思的信息：一位母亲发布了一条广告，大致内容是孩子想自己挣钱购买一辆自行车，各位邻居如果需要帮忙扔垃圾的，请将垃圾放在门口，下午 5 点以后，孩子会替邻居扔垃圾，一次 5 角钱，包月 10 元钱。两年前的情人节，为了让孩子体验生活，我在鲜花市场批发了一些鲜花，带着孩子到地铁口售卖，一晚上 2 小时的工夫，两桶鲜花全部卖完，总共收益是 240 元钱。除去成本和损耗，利润是 40 元钱。当儿子拿到这 40 元钱时，他非常慎重地将其放入存钱罐里，内心百感交集，他既为自己能够挣钱而感到骄傲，又感慨挣钱并不像想象中那么简单。因为他先去市场批发鲜花，再对鲜花进行了修剪、浸泡、包装，最后又花了时间和精力售卖鲜花，整个过程非常不易。孩子体会到了赚钱的不易,在花钱时也变得格外谨慎。

孩子通过储蓄的方式可以感受金钱有很多不同的有意义、有价值的用途。合理的消费观念和方法,又会使孩子拥有对金钱的掌控感。在体验赚钱的过程中,孩子能感受金钱的来之不易,学会珍惜金钱。

 心理教师敲黑板

在这个问题上,我想提醒家长:当孩子想买东西的要求没被答应而表现出不开心的时候,你的感受是什么?如果你看到孩子伤心,就觉得很心疼,甚至内疚,觉得自己对孩子不够好,那你很可能就走向了溺爱孩子的一边,因为你觉得让孩子开心是你的责任,这会让孩子学会利用哭闹的方式来获得自己想要的东西。而如果我们能坦然接受孩子的坏情绪,相信孩子可以从这样的经历中慢慢学会如何应对失望,那我们就可以温和而坚定地对孩子不合理的要求说"不"!

 今日小练习

1. 家长带孩子去购物,给孩子做出良好的示范,教会孩子合理地使用金钱。

2. 家长给孩子一定数目的零花钱,让孩子自主消费,在不断取舍中逐渐建立起合理消费的习惯。

3. 家长和孩子一起阅读图书《小狗钱钱》,培养孩子基本的理财能力。

7

怎样告诉孩子要做一个有爱心、有温度的人？

美国作家黛博拉·坦纳说："一个好的原生家庭，不仅要给孩子创造他所在的世界，还应该告诉孩子，这个世界该怎样被温暖诠释。"一个孩子能否有爱心、有温暖，往往离不开家庭的影响。

 家长留言

我们家孩子11岁了，平时可能是被爷爷奶奶呵护惯了，孩子的性格比较自私，做事情总是只顾着自己，忽略别人的感受。例如，我们让他下楼倒垃圾，他也不愿意。相较而言，我同事家的女儿就懂事多了，不仅帮着大人做家务，甚至还会主动帮助邻居倒垃圾。家里看完的书籍，她还会整理出来捐给贫困山区的孩子，真是太懂事了！那么，我们应该怎么教育孩子才能让他也成为一个愿意帮助别人、为他人着想的"小暖男"呢？

恰到好处的爱——苏州工业园区东沙湖小学积极家庭教育周周谈

 教师回复

说起帮助他人，作为班主任，我有这么一个"小妙招"，就是在班上举办"每周致谢"班会活动。每周五放学前，孩子们可以任意地选择想要感谢的人对他致谢。例如，有的孩子会对课代表表示感谢："我要谢谢你，因为你每天收好同学们的作业放到任课教师的桌上，辛苦了！"有的孩子会感谢语文教师："我要感谢您给我们带来了一节非常生动有趣的语文课。"孩子们的每一次感谢都会伴随着一阵热烈的掌声，场面令人非常感动。这个班会活动持续了一段时间后，我惊喜地发现班级里的氛围更加融洽了，孩子们会去欣赏彼此，也会去帮助他人，为班级做贡献。我想也许是因为每一个人在收到感谢时都感受到了自我价值，这份价值感鼓励着孩子们散发自己的爱与光芒。

班主任召开"每周致谢"班会活动

那么，家长应当怎么做呢？

第一，举办"每周致谢"家庭活动。 在致谢中，让家长和孩子更多地看到彼此，关爱彼此，营造和谐、温暖、有爱的家庭氛围。每周末的晚上，全家人可以围坐成一个圈，互相倾诉，感激彼此。父亲可以说："老婆，谢谢你每天为我们准备晚餐，非常美味，你辛苦了！""儿子，感谢你今天晚上吃饭前为我们拿好了筷子。""女儿，感谢你给我们唱了一首动听的歌曲。"其实只要留心，家庭中有许多这样细小的事情，都值得我们心存感激。这样孩子也会学着父亲的样子，感激父母，感激兄弟姐妹。如果家里有老人的，也一定要让老人参与进来，让孩子感激老人的辛苦付出。在这样的家庭活动中，亲子关系、夫妻关系、祖孙关系都会发生微妙的变化，大家会更多地看到彼此，更明白自己在家庭中对他人的价值。

第二，多参与家庭活动，多参与社会公益活动。 家长可以给孩子布置任务，比如做饭、照料宠物、制作玩具等，让孩子感受到自己能够为家庭活动做出贡献。对于家庭来说，孩子也是不可或缺的一分子。周末的时候，家长可以带孩子参加野生动物保护协会、慈善联合会、红十字基金会等公益组织的活动；可以带孩子去医院看望生病的朋友，让孩子自己选择制作或购买慰问礼物；还可以带领孩子参加户外活动，带上垃圾钳和垃圾袋，一路捡拾垃圾，保护环境。在一次次的家庭活动和公益活动中，孩子不再只关心自己，也会学着关心他人，关心世界。孩子会感受到自己对他人、对世界的价值，这种价值感会让他们的内心变得更温暖、更丰盈，眼界也会更开阔。

恰到好处的爱——苏州工业园区东沙湖小学积极家庭教育周周谈

第三，读温暖的绘本或者观看温情的电影。家长可以陪伴孩子阅读一些温情的绘本，比如《月亮，你好吗》《你看起来好像很好吃》《看你一眼就会笑》等。家长也可以陪着孩子观看一些暖心的电影，比如《万物生灵》《海蒂和爷爷》《千与千寻》等。这些温暖的绘本和电影就像一颗颗温暖的种子，播撒在孩子的心田，在潜移默化之中，孩子的心里也会开出善良温暖的花。

孩子通过"每周致谢"活动发现爱，表达爱，内化为乐于助人、富有同情心、为别人着想等良好的品质。幸福的人用童年治愈一生，不幸的人用一生治愈童年。童年时期内化的品质，往往会伴随着人的一生。在一本本温暖的绘本中，在一部部温情的电影中，感受纯粹、真挚的情感，温暖和治愈着每个人的心灵。

心理教师敲黑板

在心理学上，我们把旨在帮助或造福他人的自愿行为，即积极的社会行为叫作"亲社会行为"，它其实也是一种关心他人、乐于助人的积极品质。家长给孩子创造机会，鼓励他们去实践亲社会行为是非常重要的。当孩子看到自己的行为给别人带来的积极影响，感受到帮助别人的快乐和满足时，他们就越有动力去重复这些行为。

在对孩子的亲社会行为给予积极的反馈时，家长可以强调孩子的亲社会品质。例如，如果孩子帮助他人完成任务，家长可以对孩子说，"我看出来你很喜欢帮别人"，而不是简单地给孩子一块糖作为奖励。有研究表明,家长鼓励孩子做出亲社会行为,并对此进行积极的反馈,会增加这种行为发生的频率。

今日小练习

1. 家长试着举办"每周致谢"家庭活动,并和孩子谈谈"每周致谢"活动后的感受。

2. 家长和孩子一起观看电影《海蒂和爷爷》,让孩子明白一个道理:爱可以感化人心,有了爱,这个世界才会变得更加美好!

恰到好处的爱——苏州工业园区东沙湖小学积极家庭教育周周谈

8

怎样培养孩子的团队合作能力？

团队合作能力是孩子适应现代社会的一项重要能力，想让孩子学会合作，家庭中首先要有合作意识。父母之间的合作、父母与孩子之间的合作都是对孩子最好的示范。

家长留言

孩子上小学三年级了，成绩总体上还算理想。但教师反馈，孩子在学校里不太合群，做事情喜欢独来独往，遇到需要合作的事情也不感兴趣，总想要逃避，而且对别人的想法不屑一顾，所以在班级的人缘也不太好。在这种情况下，我该怎么帮助孩子呢？

教师回复

"家长留言"中，孩子不合群的原因是多样的：可能是害怕别人不认可、不赞同他的观点，所以不敢参与合作；可能是觉得任务没有难度，不屑与他人合作；还有可能是在人际交往方面欠缺一些方法和能力，不会合作。但不论是何种原因，我们都发现孩子缺乏一定的团队合作能力。团队合作能力是社会的要求，也是孩子在未来立足职场不可或缺的重要素质。那么，家长应该怎样做呢？

第一，为孩子树立合作的榜样，创造合作的机会。家庭是孩子学习和生活的第二课堂，家长是孩子的第一任教师，他们在日常生活中的言行举止会影响着孩子，而孩子往往会依照家长的做法和小伙伴交流与合作。因此，家长要为孩子树立一个良好的榜样。夫妻之间、婆媳之间是否能够分工与合作、互相配合，会对孩子产生直接的影响。如母亲煮饭、做菜，父亲在旁边帮着洗菜、拣菜；母亲扫地，父亲在旁边帮着整理垃圾桶；奶奶买衣服，母亲则帮着出主意……这在无形中为孩子提供了积极的行为暗示。此外，家长可以多为孩子提供与同伴合作学习和娱乐的机会，让孩子在实践中学会合作。我有一个学生叫宇航，他是一个非常擅长与别人合作的孩子。通过与宇航聊天我才得知，节假日他们全家人一起外出郊游时，他的父母会和他一起制订好活动计划，然后分配好每一位家庭成员的任务，让他们都清楚自己的职责。根据宇航的年龄特点，他的父母会给他安排合适的任务，比如让他准备水果、烧烤调料、餐具等。宇航很自豪，他感觉到自己是家庭中的一员，能够为家庭做一份贡献，非常有成就感。这让宇航懂得了作为家庭中的一员，应该具有团队意识，承担起自己的职责，做好自己分内的事情，与其他人互相合作，才能使活动圆满成功。

第二，传授给孩子合作的技能。孩子年龄小，他们缺乏社会交往的经验，往往不知如何去合作，这就需要家长教给孩子合作的技能。家长可以通过图书、电视、广播等媒介，或具体事件，向孩子讲明什么是分工与合作，还可以针对孩子在交往中可能出现的矛盾，向孩子提出一些问题，引导孩子归纳和总结出解决矛盾的正确方法，比如"两个人轮流玩""两个人一起玩"等。家长通过这些具体的合作情景，让孩子在交往过程中逐渐习得合作的方法、策略：在玩游戏之前，要一起商量分工与合作；当双方发生矛盾时，要协商解决问题的办法；当玩具或游戏材料不够时，要互相谦让；当同伴遇到困难时，要主动用语言、动作去帮助他；当自己遇到困难，且一个人无法解决时，要主动找小朋友寻求帮助。这些能力将成为孩子成长过程中的一笔巨大财富。

第三，及时反馈，让孩子感受合作的快乐。很多时候，孩子常常不能明显感觉到合作的快乐，因此当孩子和家长合作完成某件事后，家长应当真诚地表示感谢，让孩子感到自己是被需要的，而且在团体合作中至关重要。当家长看到孩子能与同伴友好地协商，快乐地共享某物时，要及时地给予肯定、鼓励。因为家长及时的赞许与肯定，能使孩子受到极大的鼓励，在情绪上产生快感，心理上得到满足，从而增强其自尊心、自信心和上进心，强化其合作的动机，愿意更多地、自觉地做出合作行为，这有助于强化和巩固其合作能力。

家长一步步科学地引导，可以让孩子感受到良好的人际关系给他带来精神上的慰藉和支持，从而增强战胜困难的勇气。在良好的人际关系中成长起来的孩子，长大后更可能获得成功，因为他们具备较强的团队合作能力，而这些又是现代社会最需要具备的品质之一。

心理教师敲黑板

　　没有哪个人完全是一座孤岛，我们都生活在社会中，因此帮助孩子发展适应环境的社会意识是非常必要的。社会意识是指能够理解不同背景和文化的人的不同想法和感受，能够理解社会的运行规则和道德规范。社会意识也是我们培养团队合作能力的基础。

　　每个人都是不一样的独立个体，因此人们可能有不同的观点。从社会意识的角度来看，培养孩子从多个方面理解事情的能力是很重要的。家长可以启发孩子从多个方面看待事情，这将有助于发展孩子的思维，并帮助孩子加强自己的理解力，以便理解别人可能会产生与我们完全不同的想法和感受。具备这种能力的孩子拥有更灵活的思维方式，更果断地做出回应，更容易解决人际冲突。

今日小练习

　　1. 全家人一起商量，选择一个活动，制订一份详细的活动计划，并让孩子参与到活动的选择和准备中来。

　　2. 推荐家长和孩子一起阅读《养育男孩》《养育女孩》，了解男孩和女孩的兴趣爱好和心理特点。

恰到好处的爱——苏州工业园区东沙湖小学积极家庭教育周周谈

9 孩子不自信怎么办?

俗话说:"自信是向成功迈出的第一步。"每一个从小被家长认真对待的孩子,心里有底气,背上有盔甲,脚下有力量,生活有自信。

 家长留言

> 我们家孩子一直缺乏自信心,一旦遇到事情,就无法自己做决定,事无大小,都要先询问家长的意见之后,才能自己做决定。虽然我们也经常鼓励他,让他自己拿主意,但是收效甚微。例如,当他的想法与别人的想法不一致的时候,很容易动摇。又如,他喜欢这个图案,但是看到很多人喜欢另一个图案的时候就认为是自己欠缺审美能力。那么,我们应当通过怎样的办法来增强他的自信心呢?

教师回复

处于成长期的孩子心理不够成熟,缺乏正确的自我评价。在很大程度上,他们的自我评价和认知是将成年人的态度和评价作为参考的,缺少自我掌控感和独立思考的能力。如果家长在平时与孩子的交往中,经常批评或是替孩子做决定,孩子就会表现出对自己的不自信和对他人的迎合。那么,家长应当怎么做呢?

第一,给孩子更多选择的机会,让孩子对生活更有掌控感。如果凡事都由家长做主,孩子没有任何自由,会令孩子的内心感到迷茫,从而缺乏自信。随着孩子年龄的增长,家长要逐渐放权,让孩子能够为自己做主,为自己做决定。例如,孩子可以自己决定早上上学时是穿背带裤还是条纹裤,决定周末是去爬山、看电影还是静静地待在家里看书、休息,等等。家长让孩子在一些小事中感受到自己拥有选择权,这种适度的自由感,会让孩子内心变得富足,变得更有力量。小凯是一个极度缺乏自信的孩子,所有的事情都要让家长帮他做决定,他对家长的命令言听计从,全然没有自己的主见。小凯的母亲通过跟小凯商量,在家里举行"周末我当家"活动,每周末由小凯来为一家人制作生活计划表,如:吃什么食物,去哪里玩,看什么电影,等等。家长在这一天完全尊重小凯的决定。在这样的锻炼下,小凯明白了:凡事要学会自己做决定,不能总是依赖家长。

第二,抓住机会多鼓励孩子。家长发自内心地赞赏孩子,能够帮助孩子建立更加积极的自我认知,从而让孩子从内心

小凯的母亲请小凯制作生活计划表

深处感受到自己是有能力解决问题的。如果家长看到孩子的长处、优点觉得理所当然，而不进行肯定，那么孩子自然也觉得不值一提；如果家长对孩子的短处、缺点大做文章，那么孩子也会过分关注自己的短处、缺点，内心产生自卑感。这里需要注意的是，鼓励要实事求是、具体直白，而不能泛泛而谈、夸大其词。例如，在孩子做完家务时，家长可以观察孩子到底是哪里有了进步，可以说"你今天的抹布洗得非常干净""你把桌子的每一个角落都擦得很干净"等，而不是泛泛地说"你真棒""你做得很好"等。有一位母亲带着5岁的男孩乘坐公共汽车，坐了一段车程后，一对年迈的老夫妻上车了，母亲起身让座，并对男孩说："来，你站一会儿，看看能不能坚持住。"男孩高高兴兴地站在座椅旁，并认真地扶着座椅不让自己摔倒。下车后，母亲对男孩说："你今天能给有需要的人让座，并给予他们帮助，真棒！"男孩开心地笑了起来。孩子因为一件小事而受到赞赏，他就会更乐意去做更多的事情，接受更多的挑战，其自信也随之日趋强化。

第三，培养孩子独立思考的能力和自我验证的能力。 培养孩子看待事情要实事求是，具体问题具体分析，学会从实践中去验证，而不是人云亦云。更进一步地说，家长需要引导孩子用思考、质疑、验证等方式对获得的信息进行综合判断。比如孩子很喜欢某一个图案，但看到别人喜欢另一个图案时，就会认为自己没有很好的审美能力。这时，家长要转变孩子的这种思维，让孩子以家庭和班级为单位，进行一个关于图案喜好的小调查。孩子可以先从网上选择几幅不同的图案，请家人分别选出自己最喜欢的一幅图；再把图片打印出来或拷贝到优盘中，拿到教室里，请其他同学选出他们最喜欢的图片；然后统计结果；最后可以得出明显的结论——原来人与人之间的喜好是各不相同的，每个人都有自己的观点和思维，这与审美能力的强弱没有关系。

孩子在生活中拥有适度的自由感，常常得到家长和教师的鼓励和肯定，内心就会变得更加富足，获得更多的掌控感和成就感。当孩子对自己的能力和优势有更清晰的认知，便会懂得独立思考，具体问题具体分析，对自己的实力也会充满信心。

恰到好处的爱——苏州工业园区东沙湖小学积极家庭教育周周谈

 心理教师敲黑板

孩子不自信,实际上这就涉及自我概念的范畴。自我概念是指个人对自身存在的看法,它包括我们如何看待自己的智力、能力、人格、性别、经验等。而在小学阶段,孩子更多地会把自己与同伴进行比较,同时社会上的其他人对自己的看法也会更多地影响到孩子如何看待自己。在这个时期,家长可以帮助孩子清楚地看到自己的特点,强调孩子所擅长的事情,帮助他们获得良好的自我感觉,这将使他们受益终身。

 今日小练习

1. 家长阅读图书《不批评才能培养出自觉主动的孩子》,尝试通过夸奖来建立孩子的自信心。
2. 家长试着在家里进行"今日你当家"的游戏,让孩子自己做选择。

10 孩子不愿意跟别人分享怎么办?

"赠人玫瑰,手留余香",分享不仅能给他人带来快乐,也能让自己得到快乐。但我们也需要明白孩子需要先拥有,后分享。孩子只有在内心富足的前提下,才会愿意分享。因此,家长在教育孩子与他人分享的同时,也要尊重孩子不愿意分享的意愿。

家长留言

我们家孩子5岁了,平时还算听话,但就是不太愿意与人分享东西,甚至不愿意别人碰他的东西。例如,春节的时候,我邀请同事带着孩子来我们家做客。同事的孩子比我们家孩子小半岁,两个小家伙一开始相处得很融洽,结果不到半小时,我们家孩子就开始哇哇大叫。原来,弟弟拿了他的玩具,还把他精心收藏的卡片扔在地上。我们家孩子看到心爱的收藏品被如此对待,气得大呼小叫,差点儿要跟弟弟打起来!我尝试耐心跟孩子解释要学会分享,但他就是听不进去,我该拿他如何是好呀!

教师回复

随着年龄的增长，孩子逐渐有了物权意识，大部分低龄段的孩子所表现出来的占有欲、不愿意分享的行为，其实是孩子成长过程中正常的心理发展过程。家长最先要做的应该是接纳孩子的情绪，避免孩子因为分享产生更多不愉快的体验而更加排斥分享，尤其忌讳的是，家长为了挽回自己的面子来给孩子贴上"自私"的标签。家长可以运用正确的方式引导孩子逐渐体会到分享的乐趣。

家长可以培养孩子解决问题的思维。当孩子拒绝跟别人分享的时候，我们有这样几种常见的解决方法。如我们可能会对孩子说："你把玩具借给弟弟玩，我明天买个最新款的玩具给你。"这属于典型的贿赂的方法。我们可能会对孩子说："弟弟是客人，你要学会跟弟弟分享，不然以后我就不给你买玩具了。"这属于威胁的方法。我们还可能对孩子说："你怎么这么不听话，真不懂事！"然后直接把玩具抢过来递给弟弟。这三种方法都是家长在解决问题，而不是教会孩子如何解决问题，因此它们所带给孩子的体验是不愉快的，并不会让孩子乐于分享，反而会让孩子更加讨厌分享。

也许我们可以换一种方法，抱着帮助孩子解决问题的心态：先问孩子发生了什么事情；再问孩子的感受如何；然后问孩子可以怎么解决矛盾，把孩子想到的办法记下来，如果孩子想到的办法都不管用，可以询问孩子有什么新的办法，直到问题可以被真正解决。

有一天，同事家的孩子来我们家做客，想要玩女儿最心爱的公主布娃娃，女儿一把夺过来，抱在怀里。同事家的孩子急得哇哇大哭起来。我先问两个孩子发生了什么事。女儿瞪着眼睛，气呼呼地告诉我："这个公主布娃娃是我最喜欢的，我不想给她玩！"接着，我问两个孩子："现在你们俩的感受是什么？"女儿告诉我："我很生气！"坐在一旁的妹妹哭着说："我不高兴！"我对两个孩子说："今天我们在一起玩，大家都希望开开心心的，那么现在我们来玩一个游戏，谁有办法让大家高兴起来？"当听到玩游戏的时候，两个孩子都很起劲。我拿出一张纸，将它对折说："我现在把你们俩想的办法记下来，姐姐的办法记在左边，妹妹的办法记在右边。比一比，看谁想的办法又多又好。"两个孩子说了很多办法，但都不能解决问题。我问女儿："你还有什么新的办法吗？"女儿说："我可以把公主布娃娃给妹妹玩，但是她得爱惜我的公主布娃娃，也不能带走。"坐在一旁的妹妹立马回答："我一定不会把她弄脏，而且我还可以把我带来的小熊玩具给姐姐玩。"我对她们说："好，那我们就来试一试！"两个孩子玩得都很开心。那天晚上睡觉前我问女儿："你今天跟妹妹玩得怎么样？"她告诉我，她感到非常开心。我对她说："你非常了不起，你把公主布娃娃给妹妹玩，这就是分享。分享是一件很快乐的事情，对吗？"她高兴地点了点头。

　　同样的方法也可以用在让孩子学会原谅、合作、宽容等方面，把每一次矛盾都当作一个找方法的游戏来对待，这些就是孩子成长的阶梯。

　　孩子通过找方法的游戏懂得了什么是真正的分享，更重要的是学会了遇到问题时，要想办法解决。

恰到好处的爱——苏州工业园区东沙湖小学积极家庭教育周周谈

 心理教师敲黑板

在教孩子分享的时候,家长也不能忽视让孩子学会自尊自爱。孩子对待自己心爱的东西,可能担心别人不爱惜,才不愿意分享。因此,家长可以允许孩子表达自己的想法,跟孩子讨论有没有两全其美的办法。如果孩子的想法合情合理,家长也应该尊重孩子不想分享的意愿。在人际交往的过程中,尊重别人同时也要尊重自己,敢于说"不",因为做真实的自己也是非常重要的。

 今日小练习

1. 家长和孩子一起阅读绘本《石头汤》,感悟在分享的同时,快乐和幸福也随之而来。

2. 家长和孩子玩角色扮演的游戏,还原白天发生过的事情,试着提出问题,引导孩子写下多种解决问题的办法,想象换一种办法可能会产生的结局,让孩子学会思考每件事情的后果,并学会用多种办法来解决问题。

11 怎样培养孩子迎难而上的勇气和坚韧不拔的精神？

家长给孩子增派合适的任务，每次制定的目标尽量控制在合理的范围内，让孩子努力奋进就能达到。孩子在不断努力的过程中，体会到了实现目标的快乐，慢慢地，他也就学会了挑战困难，迎难而上。

 家长留言

孩子读小学四年级了，学习成绩在班上排在中等的位置，他能够按时完成课内作业，但畏难情绪比较强烈。在生活中，他也是如此，遇到困难一点的事情就想退缩，明明可以挑战一下的事情，却轻易就放弃了。在这种情况下，我们该怎么办？

 教师回复

亲爱的家长，我们是孩子的引路人，也是孩子的支持者，不能以他们的领导者自居。沟通是解决一切问题的基础。当孩子面对难题想放弃时,我们可以先帮助他审查一下问题的难度。如果问题的难度确实很大,孩子即使放弃也可以理解,家长要适当留给孩子缓冲的余地。

具体而言,家长可以从以下三个方面培养孩子迎难而上的勇气和坚韧不拔的精神。

第一,当孩子在学习上遇到难题时,家长可以和他们站在同一高度去看待问题,他们就会愿意与家长敞开心扉。家长可以举自身的例子和他共情:"我小时候做作业,也遇到过难题。大概会有三种情形:第一种是想了很久也做不出来,于是干脆放弃了答题;第二种是思考了很久,也做出来了,于是把答案写了上去,结果做错了,还被同学嘲笑;第三种是做的难题太多了,出错率也很高,反正写了也会错,不如就不写了。你觉得你遇到的是哪种情形呢?"根据孩子的回答,家长可以了解孩子逃避困难的原因,进而对其引导,让他们明白,在对待每一件事情时,过程都比结果更重要。其实,孩子缺乏迎难而上的勇气和坚韧不拔的精神,往往是对失败的恐惧多于获得成功的快乐。如果家长创设有一定难度的任务,让孩子花费一些精力去完成,使得他们的成就感深入内心,进而就会愿意去挑战更高难度的任务。

第二,每个孩子面对的困难各不相同,家长在孩子遇到困难时,不去打击、讽刺孩子,而是适宜地鼓励、帮助孩子,这会让孩子获得力量。例如,我们班上有一个姓张的同学,是个"拍照困难户"。每次教师给大家拍照时,他都能躲则躲。甚至有次拍班级合照,他自己躲到厕所里,始终不肯出来。我联系了小张的母亲,告知她孩子对于拍照的抗拒程度,了解过后才发现,原来是小张小时候有一次合影,因为表情不自然，使得小伙伴都嘲笑他。从此，小张十分畏惧合影。在我的建议下，小张的母亲先是对小张的感受表示理解，然后跟他讲了集体合影的意义，并且与他商定：先在家里对着镜子练习表情管理，然后进行拍照练习，最后试拍几张满意的照片。在表情管理的过程中，小张的母亲也适时对小张给予了鼓励和赞扬，得到了肯定的小张也逐渐自信起来。渐渐地，小张也能够主动参与到集体合影的活动中来了。

第三，言传身教对孩子起到潜移默化的作用。我们回想一下，在和孩子相处的时光里，是否有表现出迎难而上的勇气和坚韧不拔的精神呢？家长说教的语言会让孩子听过之后产生逆反心理，而与孩子一起感同身受，更能赢得孩子的信任和尊重。同时，在陪伴孩子成长的过程中，家长可以经常选择一些励志的故事，帮助孩子挖掘故事中人物的优秀品质，鼓励孩子以此为榜样，相信孩子也可以成为这样的人，提升孩子挑战困难、改变自我的勇气。

孩子遇到困难有畏难情绪并不丢人，家长也会有同样的经历。遇到困难时，孩子可以大胆去尝试，即使失败了也没关系。尝试后获得了成功，孩子就会收获极大的成就感，从而增强自信，敢于面对挑战。家长通过言传身教，成为孩子坚实的后盾；孩子受到激励，以家长和古今中外的名人为榜样，从而激发改变自我的动力。

 心理教师敲黑板

在困难与挫折面前，培养孩子的"成长型思维"模式非

恰到好处的爱——苏州工业园区东沙湖小学积极家庭教育周周谈

常重要。"成长型思维"模式认为,人们的才智与能力通过练习和坚持不懈的努力,是可以得到大幅度提升的,而挑战正是学习和发展自己的好机会。"成长型思维"模式就好比大树,我们的才智与能力就像大树的枝干,是可以不断生长的,一个人的真正潜力是可以被不断挖掘的。

而与之相对的"固定型思维"模式则认为,人们的才智与能力是与生俱来的,是聪明还是愚蠢,在人们出生时就已经决定了,后天的努力也不会带来太大的改变。因此,这类人更倾向于回避挑战,选择更简单的任务,这样可以维持自己聪明的形象,毕竟对他们来说,失败就意味着自己过于愚笨。"固定型思维"模式就好比石头,我们的才智与能力就像石头上的细小灰尘,在生活中不会引起太大的变化。

因此,只有"成长型思维"模式才会让孩子受益一生。

今日小练习

1. 家长和孩子共情,与孩子愉快畅谈,了解孩子逃避困难的原因,引导孩子正视困难。

2. 家长创设难度适中的任务,让孩子独立完成,并体会成功的快乐。

3. 家长和孩子一起阅读图书《平凡的世界》,让孩子感受人生道路上的困难都是成长的必经之事。

12 孩子有厌学情绪，家长如何引导？

想让孩子喜欢上学，爱上学习，就需要把上学和学习这两件事跟孩子的感受相结合，期待少一点，目标小一点，也许孩子就会喜欢上学和学习多一点。

家长留言

我们家孩子不喜欢上学，对学习也没有兴趣。每次放完假，我送他上学，他都不愿意进校门。有时候，孩子一想到要上学，早上醒来就心情不好，觉得身体不舒服，要求我给他请假。为此，我感到十分焦虑，究竟该怎么办呢？

教师回复

在我任教的班级里，也有这样一个孩子。他一到上学的时候就愁眉苦脸，晚上做作业时也是磨磨蹭蹭的，这属于典型的厌学现象。孩子产生厌学情绪的因素有很多，如：学业负担重，与同学交往出现问题，对教师产生畏惧心理，玩游戏上瘾，等等。当孩子产生厌学情绪时，家长先要重视起来，此时孩子的内心非常脆弱，可能刚刚受到打击，也可能经历了很长时间的情绪低落期，需要及时予以安抚。家长要和孩子表示，会无条件支持和保护他，给予他足够的安全感。这样才能使孩子敞开心扉，和家长说明厌学的原因。如果家长批评孩子，或者逼迫孩子去上学，则会使孩子更加畏惧上学，甚至产生逆反心理，造成安全隐患。那么，家长应该如何引导孩子消除厌学情绪呢？

第一，调整期望值。在了解厌学原因后，家长要"对症下药"，从家庭和学校两个方面入手。家长先要反思自己一直以来是否对孩子的期望过高，是否将自己的焦虑情绪传达给孩子，让孩子在焦虑和高压中前行。孩子出现厌学情绪，跟长期以来的家庭教育密不可分。家长可以适当调整对孩子的期望值，同时增加陪伴的时长，和孩子多做一些互动的游戏，成为孩子放心倾诉的对象。家长还可以适当增加对孩子的关心，让孩子感受到家长的关爱，让孩子在自由、宽松的环境中成长。

第二，营造归属感。如果孩子能与教师和同学和谐相处，则会产生集体归属感，自然可以减少厌学心理。所以，家长一旦发现孩子出现厌学心理，需要及时和教师沟通，了解孩子在校情况，并和教师交流孩子在家时的表现，对于孩子的努力给予及时的肯定，增强孩子的自信心、成就感和集体归属感。

第三，设立小目标。家长要站在孩子的角度理解孩子，帮助孩子确立短期可实现的小目标。我曾经带过一个叫小王的学生。有一次,在"小长假"返校的时候,小王的母亲帮孩子请了半天假,没有具体说明原因。我感到情况不对,于是打电话联系了小王的母亲,她说孩子没有写完假期作业,不肯上学,她在无奈之下只能向教师请假。我意识到小王已经产生了厌学心理,于是一步步给小王的母亲提出建议,安抚她的情绪,并分析小王没有完成作业的原因。原来小王的母亲一直对孩子寄予厚望,但是小王的作文水平一直没有提升。小王努力尝试了几次也没有任何改变,所以他对写作文也越来越排斥,直至自己不想再写作文,进而产生厌学心理。我向小王的母亲提出了一个建议,帮助小王制定了一个个小目标:先写出提纲,列出要写的事例;再逐一进行完善;然后将其整合成一篇文章。小王在母亲的一步步指导下,终于完成了一篇合格的作文。

当然,小王除了写作文的问题,还具有其他孩子存在的通病,如做作业拖延、听课效率低、做作业质量不高等。于是,我建议小王的母亲跟小王一起制定"一周目标"。制定"一周目标"是为了让小王确定在这一周里能够完成的事情,如:完整地默写课文,成功地回答问题,参加多个课外活动,等等。事实上,完成这些小目标是对实现大目标能力的积累,与此同时,更容易让孩子获得实现目标的成就感,增强他们的自信心,提升他们的学习兴趣,减少他们的厌学情绪。

孩子得到家长的理解,有了安全感和归属感,情绪得到了安抚,更容易做出理性的选择。同学和教师的陪伴,也可以使孩子对学校生活产生兴趣。通过一个个小目标的制定和完成,孩子获得了实现目标的成就感,也就更愿意学习了。

恰到好处的爱——苏州工业园区东沙湖小学积极家庭教育周周谈

心理教师敲黑板

心理学里有一个"冰山理论",用在此处便是家长所看到的孩子的问题就好像是一座冰山露在水面上的部分,它大约只有冰山的八分之一,而冰山另外的八分之七则隐藏在水面之下,它是长期被压抑、被忽视的"内在",包含孩子的情绪、真实的想法、内心的需要及真正的自我。当孩子厌学情绪变得严重,甚至拒绝上学时,这其实是在提醒家长,请看到孩子内心真正的情绪与需求。在这个时候,家长的注意力需要从水面之上,转移到水面之下,真正地关心孩子,理解孩子,修复与孩子的关系。只有真正地和孩子建立起有效联结,孩子才愿意去改正自己的厌学行为。

今日小练习

1. 家长与孩子、教师沟通,细致了解孩子产生厌学情绪的原因,与孩子共情,先安抚孩子的情绪,再处理问题。

2. 家长给孩子制定"一周目标",鼓励孩子努力完成,让孩子获得成就感。

3. 家长阅读图书《让孩子爱上学习》,从而找到鼓励孩子对学习产生兴趣的好方法。

13 孩子感觉自己在班级中不受重视，情绪非常低落怎么办？

孩子的心灵就像一颗颗纯净无瑕的小水晶，然而如果一直被堆放在不起眼的角落里无人问津，就会蒙上灰尘，渐渐失去原有的光芒。如何让已经蒙尘的心灵重新绽放光芒呢？这是需要我们仔细思考的问题。

家长留言

我们家孩子的性格十分文静，属于那种比较敏感的小孩，在学校里一直是"小透明"一样的存在。这次期末考试回来，她的情绪很低落，我问她难过的原因，她说很多同学都得到了奖状，她却没有。她从小一直没有获得过"三好学生"等荣誉，所以一直没有自信，还经常说自己就是一只"丑小鸭"。她觉得班主任和班干部不会在意她的想法，所以上课时也很少举手发言。虽然我们在家一直鼓励她有想法可以尝试大胆讲出来，但是收效甚微。或许这就是孩子成长的烦恼。那么，我们应该怎么引导孩子重拾信心呢？

恰到好处的爱——苏州工业园区东沙湖小学积极家庭教育周周谈

 教师回复

孩子感觉自己在班级不受重视，归根结底还是孩子内心对自己不满意、不认同，所以很容易感到不快乐，情绪低落，进而陷入自我否定和苛责的漩涡中无法自拔。一般来说，当孩子不被重视时，首先会想到两种解决办法：一是努力认真学习，用更好的表现去赢得教师的关注和喜爱；二是反其道而行之，自暴自弃，做一些叛逆的事情来表达自己反抗的情绪，从而吸引教师的注意。不幸的是，许多心思细腻又极度渴望获得关注的孩子，往往都会选择第二种方式，久而久之，就变成了哗众取宠的"小丑"。亲爱的家长，如果您的孩子在班级中只是属于沉默的一类，您应该赞扬他，因为他没有选择用更糟糕的方式去应对不被重视的困境。此外，您也可以从以下三个方面入手帮助孩子。

第一，教孩子被重视的小技巧。 家长可以告诉孩子，在一个班级里，教师不可能兼顾到每一个孩子。所以，当孩子感觉自己不被教师关注时，家长可以让孩子先自己分析原因：是自己不爱发言？是自己学习不够努力？还是自己不遵守课堂纪律？等等。不过，家长要让一个不太自信的孩子一下子变得乐观、开朗、自信，并非易事。家长要耐心地等待孩子绽放自身光芒的时刻，或许是孩子在一次绘画比赛中获得奖状的时刻；或许是在一次小练习中，孩子的学习进步很大的时刻；又或许是孩子独立完成的手工作品获得了表扬的时刻；等等。家长要找到孩子的"高光时刻"，大方地表扬孩子，肯定孩子的能力。此外，家长不妨多给孩子传授一些被重视的小窍门。如教师欣赏做作业认真工整的孩子;教师欣赏上课注意力集中的孩子;教师欣赏积极回答问题的孩子;教师欣赏不懂就会问的孩子……孩子内心对自己不认同、不满意,正是他们十分渴望被认同和被赞美的一种表现。家长在表达对孩子的认同时,不是很敷衍地说:"宝贝,你真棒!"而是等待和发现孩子的"高光时刻",恰到好处地肯定、激励孩子,这是帮助孩子建立自信的起点。

第二,为孩子布置一面"优点墙"。家长可以给孩子布置一面"优点墙",并将其设置在家中显眼的位置,把孩子平时不经意表现出来的好习惯、好方法一一记录下来。这比口头上的一句随意的褒奖更容易激励孩子。家长可以把孩子获得的大小奖状贴在墙上;可以把孩子亲手做的手工作品摆在展示柜里;可以把孩子的好习惯分门别类地用文字写在墙上;还可以把孩子认真做事的某几张珍贵的照片贴在墙上……随着时间的积累,孩子的优点慢慢会被发掘、被放大,对待问题的态度也就会越来越积极,为人处世就会越来越自信、沉着。

第三,家长与教师保持沟通。家长及时向教师了解孩子在学校的表现,也向教师反馈孩子在家中的点滴进步,会帮助孩子得到教师的重视。当家长发现孩子在学校羞于与教师沟通时,家长要成为孩子与教师沟通的纽带。当孩子在家中表现良好时,家长可以向教师反馈孩子在家中的状况,请教师关注孩子在课堂及课后的表现。家长跨出的小小一步,是为孩子打开了和教师沟通的那扇窗,这样教师可以了解到孩子和家长所做的努力,家长也可以为孩子做出积极沟通的榜样。同时,家长还可以向班主任了解孩子在学校的学习、生活及交友情况,并对孩子做出积极的反馈。在家庭和学校的双重关注下,孩子会感受到自己是持续被重视的,长此以往,孩子一定会更加自信,更加乐于展现自己。

孩子需要的往往都是最及时的关注、最适时的鼓励、最恰到好处的赏识。找准契机,家校结合,持续地关注孩子的优点,让孩子学会自己发光,才能让孩子成为自己喜欢的那种人,才能让更多的人去喜欢他。

 心理教师敲黑板

一些内心敏感的孩子在人际交往中常常会把自己的性格、态度、动机、欲望投射到别人身上。例如,孩子发言后,教师没有太多的反馈,孩子就会觉得教师不在意他的想法,或者主观认定教师看不起自己,但他完全忽视了教师对待其他同学的发言也是同样的态度。投射实际上是我们的一种心理防卫机制。通过投射,我们就可以理所应当地批评别人的态度不好,让别人作为自己的"替罪羊",使我们逃避自己本该面对的责任。因此,家长要帮助孩子去打破他的"自我设限",创造机会来帮助孩子了解别人是怎样看待他的,从而形成更加客观的自我评价。

 今日小练习

1. 家长与教师沟通和交流,了解孩子在学校的表现情况,帮助孩子找到不被重视的原因。

2. 家长在家中为孩子布置一面"优点墙",记录孩子的优点。

14 孩子为什么总是跟家长对着干？

教育是为了培养孩子的能力，目的是爱护孩子，因此当家长因孩子的不配合而感到困惑时，试着想一想教育孩子的初衷，也许我们就不会那么失望和愤怒了。

家长留言

> 孩子刚满12岁，随着年龄的增长，他变得越来越有主见，老是跟我对着干。例如，某个周末，我看到他房间里的衣服、书本、玩具散落了一地，就跟他说不要把东西乱扔，收拾一下房间，整理一下书桌。可是，我叫了他半天，他都爱搭不理。于是，我多说了他两句，他就直接表示自己不想收拾，还跟我大吵了一架。我想请教一下：如果孩子不配合我的工作，甚至还跟我对着干，我该怎么办呢？

教师回复

从"家长留言"中,我感到孩子不听话的行为让这位家长感到很挫败,甚至会让他感到作为家长的权威受到了挑战。家长很想让孩子听话,可孩子有着自己的主意,也许孩子并不是真不愿意干这件事,而是单纯地想挑战家长的权威,不想听从家长的指挥,很可能家长和孩子陷入了"权力之争"。其实,孩子是想用自己的行为告诉家长,他需要自主权和选择权。那么,家长应该怎么做呢?

第一,离开"战场",放权给孩子。"权力之争"可能会导致亲子之间的冲突升级,在家中爆发一场狂风骤雨式的争吵。这时候,家长首先要觉察自己的情绪,如果当时自己感到无比愤怒,请提醒自己舒缓情绪,不要着急做出反应,可以离开当前的"战场",给自己一点时间调整好心情,再来解决问题。孩子在成长的过程中,自我意识会逐渐觉醒,大多数孩子都不会如小时候那样"听话",这是孩子长大的表现,也是成长的需要。孩子比之前更加独立、更加自主,这是他们在为将来离开父母、彻底独立所做的准备。当孩子不听话时,家长可以试着理解孩子的感受,尊重孩子的选择,慢慢地放权给孩子。也许家长会担心自己一旦放权,孩子会就此失控。但是作为家长,我们会放任他们如此吗?答案当然是否定的。家长可以有限度地交给孩子一定的权力,并考查他们对权力的运用情况,再调节权限的大小,这样可以引导孩子合理地运用自主权。

第二，适当给孩子选择的权利。 多年以前，我家访时在一位同学的家门口敲了好久的门，他的母亲才慢慢走来给我开门。进屋后，我才发现他们一家在打扫卫生。父亲在搬沙发，母亲在扫地，女儿在抹桌子，就连 4 岁的弟弟也在一起帮忙拖地。原来，每周日下午是他们家全员大扫除的日子，所有人都有分工，相互配合，姐弟俩很乐意参与其中。这给予我很大的启发：在生活中，家长总是以指导者的姿态命令孩子，"你要把书桌收拾干净，不要乱放东西。你去把你的房间整理干净"。这种说话方式听起来会让孩子觉得自己被控制，从而感到很不舒服。如果家长将说话方式改成："我们一起来把家里打扫干净，一起来分工，你想选择什么任务呢？"并且像这样一家人共同参与打扫卫生的工作，给予孩子选择的权利，让孩子承担相应的责任和义务，孩子是否会更愿意接受呢？

第三，邀请孩子帮忙做家务。 寒假里，我一个人在家带两个孩子，中午吃完饭后，小女儿就吵着要我陪她睡午觉。我对儿子说："你看妹妹困了，我现在要带她去睡觉。你能不能帮我把碗洗了？"儿子立马爽快地答应了。晚上，丈夫回家后，我很高兴地对他说："我们家的小男子汉能够帮我分担家务了，中午把碗洗得干净极了！"儿子非常高兴，所以现在你对他说："帮我洗洗碗吧！"他大多数时候都会非常愉快地答应。家长以平等的姿态，邀请孩子帮忙，让孩子看到他的贡献，也许孩子会更愿意跟家长合作。

第四，找到孩子愿意配合的理由。 我在北京大学心理学教授李松蔚的课上听到过这样一个有趣的方法。一个孩子不愿意整理房间，李松蔚便建议她的母亲站在女儿的角度想一想,孩子不愿意整理房间的原因是什么?孩子真正在意的点是什么?这位母亲发现自己的女儿很在意她在朋友面前的形象,所以她就跟女儿说可以邀请同学到家里来玩。每次同学来玩之前,女儿就很积极地整理房间。同学来了之后,母亲就会向大家赞美女儿:"你看我女儿的房间多么整洁呀!"久而久之,孩子就变得很愿意去维护这样一个整洁、干净的形象,也就不抵触整理房间这件事情了。其他事情也是一样的。家长要先站在孩子的角度想一想:如果我是孩子,我为什么想做这件事情呢?我为什么要快点写完作业呢?我为什么要整理课桌呢?家长只有找到孩子在意做这件事情的理由,也许孩子才会更愿意配合家长。

心理教师敲黑板

环境的整洁程度往往能反映出人的性格特点。一个内在感受混乱的人很难把自己周围的环境整理干净,也很难理性地规划自己的时间;反之,一个过度要求整洁的人内在也是刻板的、缺乏创造力的。所以,家长要求孩子整理房间,需要根据孩子目前的状态一点点改进,因为环境从混乱到整洁不是一蹴而就的,不能太过刻意地要求。我相信,当环境混乱到严重影响孩子自己的便利时,他一定会积极做出改变,但如果孩子自己不感到麻烦,家长也无须刻意地要求,以免孩子处于不自在之中,从而引起冲突和对立。

今日小练习

1. 家长和孩子一起观看电影《小孩不笨2》。如果家长只是站在自己的角度为孩子着想,希望能够时刻与孩子紧紧相拥,结果会把孩子推得越来越远。

2. 家长写下孩子不愿意配合的具体事情,试着站在孩子的角度,多写几个孩子愿意配合的理由。

恰到好处的爱——苏州工业园区东沙湖小学积极家庭教育周周谈

15 当孩子看了家长认为不该看的书籍时，家长该怎么办？

教育是一个复杂的体系，而教育出现问题的根源在于将复杂体系简单化。这就意味着家长无法通过看管的方式来解决问题。随着孩子年龄的增长，家长需要做出正确的示范，科学地引导孩子，以便帮助他们成长。

 家长留言

孩子上小学六年级了，马上要读初中了，但是在这节骨眼上状况频出。前段时间，教师跟我反映孩子上课时注意力不集中，精神不太好，有时候甚至还躲在桌肚里偷偷看玄幻小说。我趁她放学前翻了一下她的书桌，结果翻出了一堆的玄幻小说。我顿时就明白了，原来孩子根本就不是真的在学习，而是把时间都花在了这种毫无营养的玄幻小说上了。等她回家后，我和她认真地谈了一次话，她说班上的同学都在看，如果自己不看就跟其他同学没有共同话题了。我很生气，但暂时又想不出什么办法，于是就把她的玄幻小说都没收了。原本爱看书是一件好事，但作为家长，我不知道该如何阻止她去看这类玄幻小说？

第三部分　做孩子的生活教练

教师回复

　　当家长遇到这种情况时，不必过于焦虑。早在 2016 年，中国青少年研究中心对我国 6 个省、市的 48 所学校的中小学生所做的阅读情况调查显示，中小学接触玄幻小说已经是一个非常普遍的现象。孩子出现这种情况可能是因为在学习中缺少成就感，有厌学情绪；或是对玄幻小说这种新鲜事物充满好奇，但缺乏辨别力；或是生活中缺少朋友和兴趣爱好，没有良好的情绪倾诉途径。总的来说，孩子对现实世界缺乏兴趣，才会对虚拟的玄幻小说描绘的光怪陆离的世界着迷。因此，解决孩子沉迷玄幻小说的问题，最关键的是让孩子对现实生活和学习产生足够的兴趣。

　　具体而言，家长可以从以下两个方面激发孩子对现实生活和学习的兴趣。

　　第一，切忌采用"禁令式"的管制方法。家长不妨以成年人的经验指出玄幻小说中的不合理情节，并与孩子共同探讨，让孩子自己了解玄幻小说的不足之处。因为对青少年而言，特别是对处于青春期的孩子来说，家长越反对，他们就越好奇。我认识一个叫小雨的孩子，有一段时间，他迷上了看最新流行的玄幻小说，便用自己的零花钱买了十几本，晚上就躲在被窝里偷偷地看。结果，小雨的父亲发现了他的秘密后，就当着他的面把书撕得粉碎，并严禁他在家里看这种"快餐书"。小雨迫于家长的压力不敢在家里看，于是就把书偷偷带到学校，上课时低着头在桌肚里看。小雨不仅没有因为父亲的禁止而收敛行为，反而还变本加厉，导致成绩一落千丈。当我了解这一情况之后,及时跟小雨的父母进行了沟通。小雨的父母在我的建议下跟小雨进行了一次平等而深入的探讨,请小雨讲讲自己喜欢看这类玄幻小说的原因,书中有哪些值得他学习的地方,以及这类玄幻小说中有哪些跟现实生活不符的地方和对我们没有帮助的地方。这时候,小雨的父母不再是"权威型家长",而是小雨可以平等交流的朋友,小雨也更愿意跟父母分享自己的感受。小雨的父亲也乘机说了自己上高中时沉迷玄幻小说,导致白天没精力学习,差点儿没有考上大学的事例。小雨对父亲的经历很好奇,追问道:"那后来呢?"小雨的父亲说:"后来有一次测验,考了四大名著的知识点,但我一概不知,所以考得很糟糕。从那以后,我就下决心摆脱玄幻小说的诱惑,多阅读经典名著。"经过这次谈话,小雨的情况果然有了好转,他的桌肚里的玄幻小说消失了,却多了一套《西游记》!

第二,利用周末时间带孩子去郊游,或者参加社会实践活动,让孩子拥有更多亲近大自然的机会。 家长可以请孩子自主决定,是去博物馆感受传统文化的魅力,还是到图书馆徜徉在书的海洋。家长也可以召开家庭会议,与孩子一起制订"亲子快乐阅读"计划,一起读书,交流心得,分享收获。为了让小雨彻底摆脱玄幻小说的虚拟世界,对身边的世界多一些关注,小雨的父母经常组织一些户外活动,并且邀请一些跟小雨同龄的孩子参与其中。一开始,小雨觉得没意思,不愿意参加。但是,后来小雨看到其他小朋友在草坪上快乐地做游戏、放风筝,也慢慢地加入其中了。现在,小雨不仅学会了放风筝、烧烤等技能,还交到了好多新朋友。有时候,小雨的父母还会让小雨自己确定户外活动的主题,让他全程负责物资准备工作,制订意外情况处理方案,等等。小雨也越来越热爱大自然,跟父母的关系也变得更加和谐了。有时候,小雨一家人会在图书馆里待上一天,各自阅读喜爱的书籍;或者到书店各自买一些实用的书籍,在家里开展"亲子快乐阅读"活动,交流阅读感受,分享各自的收获。

家长和孩子之间平等而轻松的谈话,能让孩子敞开心扉跟家长交流看法,乐意接受来自家长的建议,更能培养孩子对现实世界的乐观心态,对新鲜事物有更清晰的判断。在参与和组织户外活动的过程中,孩子看到了现实世界的美丽,拥有了新的兴趣点,转移了对玄幻小说的注意力。而家长带领孩子走进图书馆,可以让孩子拥有更多与经典文化靠近的机会,更有利于孩子养成良好的阅读习惯。

心理教师敲黑板

从人的心理上来说,禁止是最大的诱惑。当家长不允许孩子看某类书籍的时候,却引发了孩子对这类书籍更强烈的好奇心。

另外,当家长经常用"禁令式"的管教方式教育孩子的时候,我们发现,家长的"不许"和孩子的"偏要"这种亲子对抗模式常常出现。

仔细想想,家长禁止孩子某个行为,其实不过是为了缓解自己内心的焦虑,希望通过控制孩子,来帮助自己获得控制感。但禁止常常会产生反作用,让家长不希望孩子出现的行为受到关注和强化,而且有的孩子还觉得通过这种方式,

恰到好处的爱——苏州工业园区东沙湖小学积极家庭教育周周谈

可以激怒家长,产生一种获胜的心理。

所以,家长要少用"禁令式"的管教方式,而应当借此机会深入地了解孩子,只有先赢得孩子的心,孩子才愿意接受家长的正面影响。

今日小练习

1. 全家人召开一次家庭会议,每个人分享自己近期阅读的书籍,一起制订"亲子快乐阅读"计划。

2. 全家人一起商量,选择一个户外活动的主题,做一份详细的活动计划,并让孩子参与到活动的选择和准备中来。

3. 全家人选择一个周末一起到图书馆,各自挑选喜爱的书籍,安静地享受阅读时光。

16 当孩子面对身体发育表现出好奇的时候，家长该怎么做？

青春期的性教育对孩子的成长有着非凡的意义，如果无视孩子的需求，只会让他们彷徨、苦闷，而正确的引导可以让他们变得真诚、开朗。

家长留言

前两天，我无意中听到别的母亲提到，有些孩子在书上画画，而且画了人体的隐私部位。这些孩子画完之后，还向班里的同学展示。小学五年级的孩子正处于生长发育期，尤其是男孩子，会对异性的身体产生好奇，我觉得这些孩子的行为可能不利于他们的身心健康。如果任由他们发展下去，后果不知道会怎么样。那么，我该如何对我的孩子进行青春期的性教育呢？

教师回复

青春期的孩子对身体感到好奇是很正常的事情。20世纪50年代,瑞典政府就把性教育纳入了小学的必修课。在欧洲旅游时,你会看到很多街道上的喷泉雕塑、教堂里的油画,那些在我们眼中觉得是很害羞的画面都会出现在公众的视野当中,而当地人已经将其视为可以公开展示的艺术品了。所以,家长如果遇到孩子画隐私部位的问题时,不必过分紧张或者生气,可以用一种平和的态度去处理;相反,如果家长刻意回避这个问题,那孩子很有可能会从一些非正规的渠道去了解,反而对他的成长不利。因此,性教育应该在孩子的适龄阶段普及,让孩子真正了解人体的构造。那么,家长应当怎么做呢?

第一,善于发现能够进行性教育的契机,并进行适时的引导。比如孩子过生日,家长可以告诉他:"你的生日就是母亲的受难日。"家长还可以和孩子讲讲宝宝是怎么出生的,鼓励孩子在这一天向母亲表达感激和爱心。当家长发现男孩变声时,就可以抓住这个"窗口期",和他聊聊青春期的男孩身体会有哪些变化,比如喉结增大、遗精、长胡须……这些看似平常的交流,包含了家长的关心和爱护,也潜移默化地起到了教育和引导的作用。

第二,送给孩子一些关于性教育的书籍。这里推荐由美国性教育专家黛布拉博士执笔的《从尿布到约会:家长指南之养育性健康的儿童(从婴儿期到初中)》。这是一本关于从婴儿时期到初中阶段的性教育书籍,被誉为"性教育圣经"。

在这本书中，提到了一个观点，那就是不要等孩子提问了才去回答。一般而言，男孩 11 岁时，女孩 10 岁时会进入青春发育期，在这个时期他们的身体开始发生一些变化，比如女孩会面临月经初潮。那么，家长就应该在她 10 岁前，与她讲一讲关于月经的知识。记得教小学高年级的时候，我了解到班上有一些女孩月经初潮已经来临了。于是，我就在班里宣布，以后我们每个月用课余时间在校园里开展一次女生茶话会活动，其实就是跟女生聊一聊，月经初潮来临之后的一些感受和困惑。刚开始，她们在活动中表现得比较扭捏、害羞，不太愿意讲，但是几次活动下来，她们觉得还挺有意思的，相互之间的交流也比较顺畅，我也会给她们讲一讲如何选择卫生巾，如何注意清洁卫生，等等。

第三，让孩子适当了解异性身体的变化。孩子在成长发育的过程中不但会对自己的身体感兴趣，而且会对异性产生

家长陪孩子一起阅读性教育的书籍

好奇。所以,在给女生开展茶话会活动的时候,我会告诉男生,我和女生在干什么,进而让他们了解一些女生身体发育的知识。由此,男生就会体会到女生每个月会有不太舒服和情绪不好的时候,要学会照顾她们,体谅她们。所以,我们班上的男生和女生的关系是非常和谐的,并没有产生任何令人焦虑的青春期问题。

所以,关于孩子青春期的问题,家长可以用一颗平常心去对待和引导。孩子如果愿意跟家长交流,家长既要用平和的态度和科学的知识去引导,又要提醒孩子讨论性话题要注意场合,比如"家长留言"中的这些孩子在班级这样的公开场合讨论就不太适合。

在书本中,孩子可以获得科学的性知识,理性地面对身体的变化;在与家长的交流中,孩子可以获得支持和帮助,进而解决在青春期面临的困惑和烦恼,成长为一个积极、阳光、富有朝气的人。

 心理教师敲黑板

青春期是指以性成熟为主要标志的成长阶段,也是个体从儿童向成年人过渡的发展时期。青春期又分为几个阶段,一般10~13岁的孩子处于青春期早期。在这个阶段,孩子身体的第二性征开始发育,个体的心理发展任务主要是接纳和适应身体出现的变化。

在这个时候,家长要特别注意传递给孩子的关于性的理解,性并不是"恶心的""下流的",而是跟我们的性别角色、自我认知、身心健康、孕育生命、情感与幸福、隐私与自我保护是息息相关的，积极正面的性教育可以帮助孩子更好地接纳自己身体的变化。

今日小练习

1. 家长和孩子一起阅读图书《从尿布到约会：家长指南之养育性健康的儿童（从婴儿期到初中）》，并引导孩子了解青春期性健康教育方面的知识，以及孩子在即将到来的青春期，身体将会出现哪些变化。

2. 家长留意孩子的身体变化，和孩子谈谈身体发育给他带来的感受。

恰到好处的爱——苏州工业园区东沙湖小学积极家庭教育周周谈

17

怎么做好早发育的女孩的心理和生理辅导?

家长正确、及时、全面的引导是青春期的孩子迈向成熟的重要保障。家长要帮助孩子建立正确的审美观,让孩子接纳身体的变化,懂得健康、自然的才是最美的。

 家长留言

女儿读小学四年级了,一年多以前她的身体就开始发育了。虽然平时我们也对女儿进行过相关的青春期教育,但是她对自己已经发育的胸部依然感到很害羞,总是弓着背走路,导致她的背部弯曲得很厉害。本该青春美丽的年纪,女儿的体态却特别不好看。女儿回家后,还经常跟我们说班上的同学都在看她,背后还议论她。那么,作为家长,我们该怎么为孩子做好心理和生理辅导呢?

 教师回复

青春期是女孩的花季,也是女孩一生中最美好的时光。

在这一时期，女孩的身体也在悄悄地发生着变化：胸部开始隆起、迎来月经初潮……世界卫生组织规定的青春期为10～19岁，女孩的青春期其实从10岁就开始了。随着生活条件的改善，有些女孩的发育确实会早一些，所以上述女孩的成长情况是正常的。对于这些女孩来说，她们可能还没有接受过相关的性教育，所以更容易产生自卑的心理。家长要理解孩子怕羞、怕被取笑的心理，不要和孩子的负面情绪对抗，而要积极引导孩子树立正确的观念和生理认知，正确看待身体的发育。

具体而言，家长可以从以下两个方面为孩子做好心理和生理辅导。

第一，考虑到孩子面对不同性别的同学，家长可以和孩子聊天，让孩子知道提前发育是很正常的现象，发育是所有女生都会经历的事情，这是成长的标志。所以，孩子不用感到紧张，也不要觉得丢人。父亲的表现一定要自然，在这里他代表的是男性群体，父亲放松的态度可以告诉女儿，女孩提前发育在男同学心里也不是什么令人难堪的事情。等女儿神情放松之后，父亲可以"退居二线"，让母亲对女儿进行青春期的心理和生理辅导。

处在青春期早期的女孩最在意的是乳房的发育和月经初潮的来临。月经初潮平均晚于乳房发育2.5年，所以母亲可以先和女儿聊聊乳房发育的事情。首先，母亲可以让女儿从思想上认识到乳房发育是正常的生理现象，不要过于紧张。如果女儿因为乳房的日益丰满而感到难为情，走、坐、站都不敢抬头挺胸，总是含胸弯腰，甚至用紧身的衣物把胸部束缚得紧紧的，会对身体发育造成不良的影响。其次，母亲还可以指导女儿在乳房发育时要正确穿上小背心。小美的母亲就曾这样对小美说:"以前运动会的时候,有个女生跑步,没有穿小背心,她的胸部就震动得很明显。而那些穿上小背心运动的女孩,就不会让乳房震动得很明显。小背心可以固定和支撑乳房,这对乳房有好处,也避免了运动时出现尴尬的情形。"

第二,送给孩子一些青春期方面的书籍,陪孩子一起观看一些专为青少年制作的有关青春期的电影。青春期的女孩独立意识开始萌发,心底会时时泛起不为家长所知的波澜,有专家将这种尚且懵懂的、要求独立和渴望长大的心理形象地喻为"心理断乳期"。这时,家长可以帮助女孩排解青春期的诸多困扰,了解同龄女孩的成长秘事,帮助她们度过最开始的慌乱与不知所措的时期,也让她们更快地走过青春懵懂期。家长可以引导女孩阅读《女孩,你该知道的事》《女孩青春期成长指南》等适合青春期女孩阅读的书籍,知道青春期

家长陪孩子观看有关青春期的电影

女孩需要知道的一切,了解青春期女孩在身体和心理上发生的变化,以及相应的处理技巧,正确看待自己身体的成长发育。另外,家长还要坦然面对性教育,适时、适度地告诉孩子一些性心理知识,帮助孩子保持健康的性心理。

当孩子感到不知所措甚至自卑的时候,家长的正确引导可以帮助孩子缓解心中的不安,正确看待身体发育这件事。在这个过程中,孩子能够感受到家长的关心,这有助于孩子心理上感到舒适。通过阅读青春期方面的书籍,女孩能了解到许多关于青春期方面的知识,也会更从容地应对自己身体的变化,为自己的成长做好准备。

心理教师敲黑板

美国心理学家爱利克·埃里克森的心理社会发展理论认为,在青春期这一发展阶段,个体核心的发展任务就是建立自我同一性,了解自己到底是怎样的一个人。而对自我的认知包括三个方面:生理我、心理我、社会我。生理我是指对自己的性别、身体、外貌等生理特征方面的认识。心理我是指对自己的能力、性格、气质、兴趣等个性特征方面的认识。社会我是指对自己在一定的社会关系和人际关系中的角色、地位等社会属性方面的认识。

青春期,青少年在自我的认知中,对自己的外貌、体形等生理方面非常看重,因此家长要充分地理解孩子因为身体变化而产生的心理压力,帮助孩子接纳身体发生的变化,避免孩子由此产生自卑的心理。

恰到好处的爱——苏州工业园区东沙湖小学积极家庭教育周周谈

今日小练习

1. 家长和女儿一起阅读图书《女孩青春期成长指南》，陪她一起了解生长发育的知识。

2. 家长为女儿准备小背心、卫生巾等用品，在她需要的时候告诉她如何使用。

3. 家长跟女儿分享自己青春期身体发育时，曾经发生过的"小故事"。

18 怎么做好晚发育的男孩的心理建设？

每个人的生长发育都是遵循个体生物钟的节奏。孩子无须为此过多烦恼，只要找到自己的"闪光点"，就能成为一个勇敢、自信的人。

 家长留言

我们家孩子上小学六年级了，个子比同龄孩子矮了很多，他常常为此感到自卑，甚至听到我们说身高相关的话题就会不高兴。如今，他的脾气越来越大，为一点小事就发火，甚至还会要求我们带他去医院打生长激素。我们打算带他去医院看看情况，毕竟生理上的问题医生会解决，可是心理上的问题该怎么办呢？我们该怎么开导孩子呢？

 教师回复

孩子发育得晚，并不一定是一件坏事，有可能会比早发育的孩子更健康。现在很多孩子乱吃东西，可能会导致提前发育，也许会影响生长。不过，晚发育的男孩找不到正确的渠道纾解内心的困惑与苦闷，久而久之，的确可能会产生焦躁感和自卑感。那么，家长该怎么做呢？

第一，带孩子去看医生。 家长可以请专业人士帮助孩子解决问题，比如带孩子去医院进行细致的检查和评估，请医生告知孩子，他目前的身体状况是否正常，是否需要打生长激素。大多数时候，早发育的孩子和晚发育的孩子不需要任何医学上的特别关注。男孩如果到16岁还没有出现青春期发育的迹象，就应该寻求医疗干预了。女孩如果到14岁还没有出现青春期发育的迹象，医疗干预或许是必要的。有一些人在19~20岁才开始进入青春期，这被医生称为"先天性发育迟缓"，应寻求医生的帮助。医生的专业诊断和建议可以给孩子的内心打上一针"强心剂"，让孩子明白自己的身体状况，并不需要过多的忧虑。医生给出的一些科学建议，可以让孩子采纳并付诸实践，从而进入正向的心理发育期。

第二，让孩子与晚发育的成年人聊一聊。 家长可以请一个晚发育的成年人与孩子交流自己当时的情况和应对的方法。每个人的发育都是遵循个体自身的生物钟节奏，不必过多焦虑。我的表弟就是一个晚发育的例子。他比我小一岁，上初中后，他才长到靠近我下巴的位置。那时候，我的舅妈也没少为这件事情担忧，甚至研究了各种长高的方法。后来，我的舅妈督促表弟每天喝牛奶，适时地摄入一些高蛋白的食物，如鱼、虾、瘦肉、蛋、豆制品等。我的舅舅也坚持带他去跑步、跳绳、打篮球。高一的时候，表弟一下子就长高了，现在他的净身高为183厘米呢！事实上，像这样的例子并不少。

家长可以请一个晚发育的成年人同孩子谈谈自己当时的成长经历，或许对孩子会更有帮助。家长要让孩子确信，他们的身体将会发生一定的变化，这都是成长发育的表现而已，不必过度担心。比如世界上一些著名的体操运动员都是晚发育的少男、少女，他们同样拥有令人羡慕的成绩。

第三，跟孩子谈一谈家长自己的成长经历。家长与孩子交流自己发育时遇到的一些窘迫的事情，让孩子知道自己遇到的事情同样也会在其他同龄人身上出现，不必过于烦恼，多去寻找自己的闪光点。家长应该明白，当男孩为自己发育得晚而烦恼，或者女孩为自己发育得早而尴尬时，这背后隐藏的是孩子的困惑："我正常吗？"这时，家长就需要有更多的耐心，让孩子知道每个青少年都是按照遗传基因上预先设定的生物节律在发育。

拥有相同经验的"过来人"，就像"领路人"一样，让孩子在苦闷和迷茫之中，找到认同感和方向感。对孩子来说，家长温暖的话语、耐心的宽慰都是治愈孩子的"灵丹妙药"。在这样的帮助下，孩子会明白每个人的青春期都会有烦恼，自己也可以轻松度过这段尴尬时期。

 心理教师敲黑板

青春期是孩子建立自我同一性的关键时期。"我到底是一个怎样的人？"面对这个问题，这一阶段的孩子常常会在"现实自我"与"理想自我"之间徘徊、挣扎，与此同时，他们也会拿自己和同伴去做比较，以便确定自己是一个怎样的人。

恰到好处的爱——苏州工业园区东沙湖小学积极家庭教育周周谈

而在青春期,每个孩子的身体发育存在个体差异,可能会让"现实自我"与"理想自我"之间、自己和同伴之间产生很大的落差,这可能会让孩子产生严重的焦虑感,甚至会影响到孩子对自我的评价。因此,家长要帮助孩子排解内心的负面情绪,同时帮助孩子更全面地认识自己,发现自己的优势,建立积极的自我认知。

今日小练习

1. 家长和孩子一起观看电影《阿甘正传》。影片中患有先天智力障碍的小镇男孩福瑞斯特·甘自强不息,通过不断的努力,最终创造了奇迹。

2. 家长和孩子谈谈自己在青春期发生的窘迫的小事,并和孩子分享自己当时的心路历程。